U0948712

全国教育科学规划一般课题“中国高等教育质量保障政策（1985—2015）变迁研究”（项目编号：BIA160098）

中国高等教育
质量保障40年

刘晖　　等著

中国社会科学出版社

图书在版编目（CIP）数据

中国高等教育质量保障40年／刘晖等著．—北京：中国社会科学出版社，2022.7

ISBN 978-7-5203-9914-2

Ⅰ.①中… Ⅱ.①刘… Ⅲ.①高等教育—教育质量—保障体系—研究—中国 Ⅳ.①G649.21

中国版本图书馆CIP数据核字(2022)第047007号

出 版 人　赵剑英
责任编辑　冯春凤
责任校对　张爱华
责任印制　张雪娇

出　　版　中国社会科学出版社
社　　址　北京鼓楼西大街甲158号
邮　　编　100720
网　　址　http://www.csspw.cn
发 行 部　010-84083685
门 市 部　010-84029450
经　　销　新华书店及其他书店

印　　刷　北京君升印刷有限公司
装　　订　廊坊市广阳区广增装订厂
版　　次　2022年7月第1版
印　　次　2022年7月第1次印刷

开　　本　710×1000　1/16
印　　张　12.5
插　　页　2
字　　数　201千字
定　　价　78.00元

凡购买中国社会科学出版社图书，如有质量问题请与本社营销中心联系调换
电话：010-84083683

目　　录

第一章　高等教育质量保障政策的价值分析

第一节　高等教育质量保障政策文本分析

一　高等教育质量保障政策现状分析

在我国高等教育质量保障政策的历史动态演变中，单一文本的静态性能够提供历史状态的一个剖面，多文本结合并对之剖析，便能实证地探索和还原政策原本的面目。对文本的分析是探索我国高等教育质量保障政策价值分析的上佳途径。梳理我国高等教育质量保障政策的样本来源、处理方法、研究维度，可以增进对政策内容的基本认识，对其进行历史回溯和现况分析，有助于把握政策过程。

（一）样本选取相关限制

1. 颁布时间限制

1985 年《中共中央关于教育体制改革的决定》（以下简称为《决定》）拉开了高等教育质量保障的序幕。《决定》提出在部分省份试点改革管理体制和调整教育结构，实行简政放权。1985 年至今，全国人大、中共中央、国务院以及中央各部委先后出台了一系列关于改革管理体制、关注高等教育质量的政策文件，并陆续出台一些配套政策。由此，1985 年被认为是高等教育质量保障政策的起点。在过去的三十余年，中共中央和国务院等机构先后颁布了一系列相关政策文件，目前已形成庞大且相对完备的高等教育质量保障体系。由于研究的限制，本书政策样本的搜集截止到 2017 年，即样本年份为 1985 年至 2017 年。

2. 样本获取渠道

研究主要的信息渠道是各大政策颁布官网，如中央人民政府、教育部、国务院、国家发展与改革委员会。此外，北大法律信息网、北大法意网、法律法规政策查询库、法律教育网也是研究获取政策的补充来源。如表1—1所示。

表1—1 我国高等教育质量保障政策获取渠道

获取渠道	检索重点	备注
官方网站（中央人民政府、教育部）	现行的政策	多数高等教育质量保障政策均可通过官方网站检索
回溯检索	历史政策（已废除的相关政策）；无法在官方网站检索的相关政策	从已检索的政策文本中的关联条款回溯检索已停止执行或官方无法检索的相关政策
其他渠道（法律法规政策网、出版物）	补充性检索	北大法律信息网、北大法意网、法律法规政策查询库、法律教育网作为补充渠道

（二）样本选取操作方法

政策的样本是在权威部门官方网站进行“地毯式”的检索，以“中华人民共和国教育部”的官网为例，进入官网之后，从“机构”“新闻”“公开”“服务”“文献”每一项都点击进去，浏览查阅是否有符合要求的政策，操作方法参考本研究第一章第七节的“高等教育质量保障政策”的概念，具体操作方法如下：

1. 权威部门颁布

对于搜索到的政策，第一步的判断是“是否属于权威部门颁布的政策”。若该政策是由中央人民政府、教育部（原国家教育委员会）、国务院、国家发展与改革委员会等国家官方途经发布的政策，因其具备公开性和权威性，答案为“是”，属于在本研究所指的国家层面范畴之内；若该政策发布来路不明，或者非权威部门颁布，答案为“否”，不在本研究所指的国家层面范畴之内。

2. 国家层面

对于搜索到的政策，第二步的判断是“是否属于国家层面的高等教育政策”。若该政策为我国国家层面/大部分院校相关的政策，答案为“是”，属于在本研究所指的国家层面范畴之内；若该政策具体到某个省份（自治区、直辖市）和某间高等学校的政策，答案为“否”，不在本研究所指的国家层面范畴之内。

3. 全日制本科教育阶段

对于搜索到的政策，第三步的判断是“是否属于全日制本科教育阶段的教育政策”。若该政策是为实施本科层次全日制教育的各种专业教育及少量高等教育机构设置的一般教育课程计划所提供的教育政策，答案为“是”，属于在本研究所指的国家层面范畴之内；若该政策是针对学前教育、义务教育、高中阶段教育、独立院校、专科院校、单科院校、职业院校、继续教育机构（如我国的成人教育学院、广播电视大学、管理干部学院）的政策，答案为“否”，不在本研究所指的国家层面范畴之内。

4. 高等教育的四种职能（人才培养、科学研究、社会服务和国家交流与合作）

对于搜索到的政策，第四步的判断是“是否属于与高等教育四种职能（人才培养、科学研究、社会服务和国家交流与合作）直接相关的政策”。若该政策属于“质量”“招生、录取政策”“高校体制与发展规划”“学位管理”“体卫教育”“国际（地区）交流与合作”“师资队伍建设”“学科建设与教学管理”“条件装备”“产学研”“课堂”“第二课堂”的一种或者几种政策，答案为“是”，属于本研究所指的国家层面范畴之内；若该政策是“学生管理”“图书馆”“人事管理”“食堂”“校园环境”的政策，答案为“否”，不在本研究所指的国家层面范畴之内。

5. 国家高等教育总体发展与规划

对于搜索到的政策，第五步的判断是“是否属于国家高等教育总体发展与规划的教育政策”。若该政策属于“发展规划纲要”、“深化……改革”、“振兴计划”、“关于……的基本要求”、“211工程”规划、“985工程”规划、“重点大学和重点学科”、“双一流”、“八五计划”、“十一五规划”、“十二五规划”、“十三五规划”的一种或者几种政策，答案为“是”，属于在本研究所指的国家层面范畴之内。

6. 质量控制、质量评估和质量审核

对于搜索到的政策，第六步的判断是“是否属于质量控制、质量评估和质量审核的教育政策”。若该政策的主标题或者政策正文有章节出现以下几种情况：“质量”“……提升计划”“提高……水平”“评估”“评价”“学术不端”“预防和处理……”“……的设置条件”“……的标准”的一种或者几种政策，答案为“是”，属于在本研究所指的国家层面范畴之内，若不是这些情况，答案为“否”，则不在本研究所指的国家层面范畴之内。

通过政府官网、法律法规政策网和公开出版物，获取1985年到2017年相关的高等教育质量保障政策，经统计，确定样本数量为124份。

（三）样本分析

“颁布年度”、“适用范围”和“政策体例”是政策文本的三个关键构成要素，为系统研究我国1985年以来高等教育质量保障政策变化的一些特点，拟采用“三维度”分析框架，分析重点及目的如表1—2所示。

表 1—2　　“三维度”分析框架及分析重点、目的①

分析维度及类目设置		分析重点及目的	
维度	类目	重点	目的
维度一：颁布年度	1. 高等教育质量保障政策的酝酿期（1985—1992 年） 2. 高等教育质量保障政策的探索期（1993—1998 年） 3. 高等教育质量保障政策的创新期（1999—2009 年） 4. 高等教育质量保障政策的完善期（2010—2017 年）	政策发文数量及各个时期颁布政策情况	通过政策文本年度分析，对高等教育质量保障政策的频率与密度进行具体分析
维度二：适用范围	1. 普适型 2. 专一型	专一型政策与普适型政策分布情况及两者比例	分析适用范围，可以看出高等教育质量保障政策的针对性强弱以及对质量保障的哪些方面更加关注
维度三：政策体例	通知、意见、规定、批复或复函、计划或规划、办法、条例、细则和决定等	现有的政策采取了哪些体例以及主要的体例类型	通过分析可以看出现有政策约束性和可操作性的强弱

1. “颁布年度”维度

1985 年至今，我国高等教育质量保障相关政策颁布已有三十余年，考虑到教育政策目的和内含价值一直处于动态变化，结合前一节

① 汤建静：《政策变迁视角下的广东高等教育质量保障政策研究》，《高等教育研学报》2017 年第 4 期。

的历史分期，将“颁布年度”设定为：“高等教育质量保障政策的酝酿期（1985—1992年）”、“高等教育质量保障政策的探索期（1993—1998年）”、“高等教育质量保障政策的创新期（1999—2009年）”和“高等教育质量保障政策的完善期（2010—2017年）”四个历史发展阶段。早期的高等教育质量保障政策数量少，且分布于各规划大纲等；近十年高等教育质量保障政策数量逐渐增多，部分政策单独成文，针对性强。

对搜集的我国高等教育质量保障政策（1985—2017年）进行计量统计可知，我国共颁布相关政策文本124份，其中“高等教育质量保障政策的酝酿期（1985—1992年）”共6份，“高等教育质量保障政策的探索期（1993—1998年）”共18份，“高等教育质量保障政策的创新期（1999—2009年）”共40份，“高等教育质量保障政策的完善期（2010—2017年）”共66份。按年度进行统计，2011年和2012年两年颁布的政策数量最多，都为14份，1988年、1989年、1991年、1992年出现了政策空白。2001年以后，政策数量呈较快的上升态势，年度之间数量波动较大。如图1—1和图1—2所示。

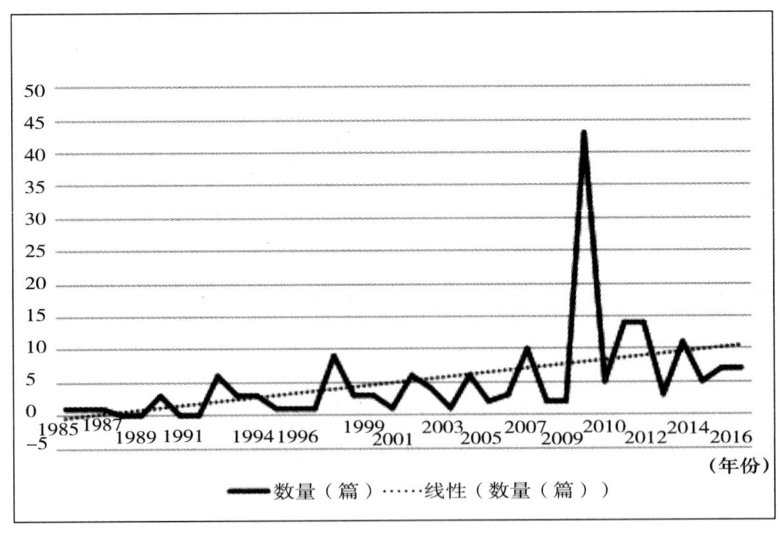

图1—1 1985—2017年政策文本颁布数量态势

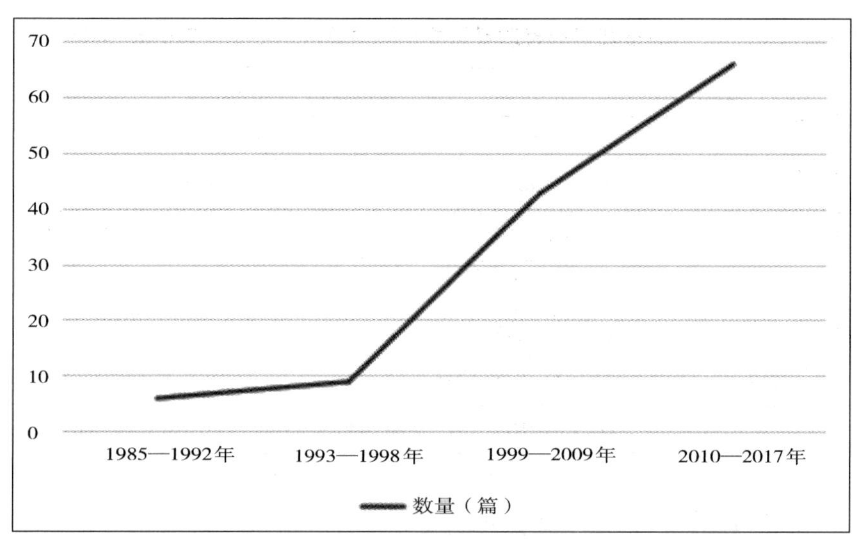

图 1—2　1985—2017 年四个历史时期政策文本分布态势

我国高等教育质量保障政策总体上呈明显上升趋势，但有一些波动。某些年份政策密集，某些年份“政策空白”，但这种政策频率、密度的不均衡，与高等教育自身的发展息息相关。在1999 年之后十年扩招这样的现实背景下，关注和提升高等教育质量尤为迫切。2010 年开始，高等教育质量保障政策的数量有明显上升趋势，尤其在 2012 年和 2013 年，政策数量 14 份，达到历史时期的最高值，2014 年政策数量也有 11 份。在酝酿期（1985—1992 年）出现了多次高等教育质量保障政策的空白年，2015 年、2016 年、2017 年期间，高等教育质量保障政策的文本数量呈现下降的态势。政策数量呈平稳发展、快速增长和逐渐消减态势。

2. “适用范围”维度

在本研究中，将针对涉及高等教育的政策文本界定为“普适性”，将针对确定和调整高等教育质量的政策界定为“专一型”。我国高等教育质量保障政策“适用范围”分布情况如表 1—3 所示。

表1—3 **我国高等教育质量保障政策"适用范围"分布情况** 单位：份

颁布时期（年份）	各个历史时期合计（份数）	适用范围及政策分布情况				
		普适型	专一型			
		数量（%）	数量（%）	人才培养	科学研究	社会服务
1985—1992	6	5（83.33）	1（16.67）	1	0	0
1993—1998	9	6（66.67）	3（33.33）	3	0	0
1999—2009	43	13（30.23）	30（69.76）	26	4	0
2010—2017	66	22（33.33）	44（66.67）	34	9	1
合计		46（37.10）	78（62.90）	64	13	1

由此可知，三十余年来，我国高等教育质量保障政策以"普适型"为主，逐步转向以"专一型"为主，人才培养是我国高等教育质量保障政策的重点领域。1985—1992年，"普适型（5份）"数量是"专一型（1份）"的5倍；1993—1998年，"普适型（6份）"数量是"专一型（3份）"的2倍；1999—2009年，"专一型（30份）"数量已经超越"普适型（13份）"，并且"专一型"数量是"普适型"的2.3倍；2010—2017年，我国高等教育质量保障"专一型（44份）"政策也赶超了"普适型（22份）"政策，这四个时期的政策文本数量表明我国高等教育日益关注教育质量。

在"酝酿期"和"探索期"，我国高等教育质量保障政策的"专一型"针对的是"人才培养"，此时没有出现针对"科学研究"和"社会服务"的政策，人才培养是我国高等教育质量保障政策的重要领域。"创新期"出现了4份针对"科学研究"的政策文本，"完善期"出现了9份针对"科学研究"和1份针对"社会服务"的政策文本。以上数据显示，过去40年，我国高等教育质量保障政策的主旋律始终是"人才培养"。在进入21世纪以后，"科学研究"逐渐受到关注，并且在进入"完善期"后，政府对"科学研究"高度关注，"社会服务"则是在完善期才受到关注并出台了具体政策。

1985年至2017年高等教育质量保障政策从"普适型"向"专一

型”转变，从“人才培养”到“科学研究”和“社会服务”，可以说过去40年，我国高等教育质量保障政策已经从外部走向内部。

3. “政策体例”维度

政策体例主要有通知、意见、规定、批复或复函、计划或规划、办法、条例、细则和决定等。梳理这些研究样本，我国高等教育质量保障政策的政策体例类型有办法、纲要、规定、规划、计划、决定、条例、通知和意见，共9种。1985—2017年颁布的高等教育质量保障的政策文本，按照政策体例进行统计，结果如表1—4所示。

表1—4　我国高等教育质量保障政策体例统计情况　单位：篇

排序	政策体例	数量（篇）	百分比（%）	特点	
				规范性和约束性	指导性和可操作性
1	通知	63	50.81	较强	较弱
2	意见	43	34.68	弱	强
3	纲要	4	3.23	强	弱
4	办法	3	2.42	较弱	较强
5	规定	3	2.42	较强	较弱
6	决定	3	2.42	强	弱
7	规划	2	1.61	较强	较弱
8	计划	2	1.61	强	弱
9	条例	1	0.80	弱	强

在124份政策文本中，通知有63份，占总数的50.81%，意见有43份，占总数的34.68%，两者占比之和高达85.49%。“通知”、“纲要”、“规定”、“决定”、“规划”和“计划”这些具有较强规范性和约束性的政策体例共有77份，“意见”“办法”“条例”这些具有较强指导性和可操作性的政策体例共有47份。在1985年至2017年的124份高等教育质量保障政策中，多是对某一具体教育领域做出相关要求与规

定，或是对规划的补充性说明，根据实际情况颁布相应的操作性高的实施细则相对欠缺，体现了我国高等教育质量保障政策文本过于笼统，对政策的实施指导作用不强。

二 高等教育质量保障政策历史分期

我国现行高等教育质量保障政策是在高等教育快速发展、大众化进程的背景下出台的，早期的质量保障政策更多关注质量建设，而近期的质量保障政策则逐步过渡到更加关注质量保障。本节回顾我国三十余年高等教育质量保障政策，从历史逻辑的角度对其发展轨迹进行阶段性划分，从而厘清我国高等教育质量保障政策的演进过程和不断发展完善的历史沿革。

“历史的最大特性是变，历史分期的目的是找出‘变点’，观察历史的‘质变’与‘量变’，从而了解各时代的特性。”[①]“标准是掌握分期的关键，根据标准找到变点。”[②] 任何政策的生成都不能脱离当时的历史背景。纵观我国1985—2017年高等教育质量保障政策，可以说主要包括两大方面的内容：一是质量的建设，二是质量的保障。质量建设关注利益结构的调整，主要通过经济杠杆来实现，质量保障关注保障活动中行为准则的规范和调整，主要通过质量保障体制和质量标准来实现。政府主导制定、颁布和执行这些具有权威性的教育政策文件，可以解决眼前的政策演进需求。高等教育质量保障政策实行沿着“中央政府→地方政府→学校”的路线推进，这样路径统一的政策无法解决我国高等教育质量保障问题，缘于我国区域之间的教育条件和资源差异较大。

（一）以往学者相关分期

黄容霞认为1977年之后的政策属于渐进性制度演进，根据高等教育质量政策的演变总特征可以将1949年至2008年的高等教育质量保障

① 张玉法：《现代史的分期问题》，台南：久洋出版社1985年版，第1页。

② 杜成宪：《20世纪关于中国教育史分期问题的探索》，《华东师范大学学报》2000年第3期。

政策分为两个阶段：第一阶段，1949 年至 1984 年是封闭单一的高等教育质量保障政策；第二阶段，1985 年至 2008 年是走向开放多样的高等教育质量保障政策。[①] 魏军将 1978 年至 2008 年分为三个阶段：1978 年至 1984 年为恢复重建阶段，1985 年至 1998 年为调整改革阶段，1999 年至 2008 年为全面发展阶段。[②] 苗耀祥在其研究中分期如下：将 1949 年至 1977 年为建设与革命阶段，1978 年至 1984 年为恢复与重建阶段，1985 年至 1998 年为调整与控制阶段，1999 年至 2012 年为发展与挑战阶段。[③] 汤建静在其论文中根据法源依据将广东省高等教育质量保障政策的发展分为四个时期：1985 年至 1992 年为高等教育质量保障政策的酝酿期，1993 年至 1998 年为高等教育质量保障政策的探索期，1999 年至 2009 年为高等教育质量保障政策的创新期，2010 年至 2015 年为高等教育质量保障政策的完善期[④]。学者对高等教育质量保障政策的分期时间如下表 1—5。

表 1—5　　学者对高等教育质量保障政策的分期时间表

（研究者后跟时间为研究发表时间）

<table>
<tr><th></th><th>黄容霞
（2008）</th><th>魏军
（2009）</th><th>苗耀祥
（2012）</th><th>汤建静
（2015）</th><th>本文</th></tr>
<tr><td>1949 年</td><td rowspan="4">封闭
单一
阶段</td><td></td><td rowspan="2">建设与革命阶段</td><td></td><td></td></tr>
<tr><td>1977 年</td><td></td><td></td><td></td></tr>
<tr><td>1978 年</td><td rowspan="2">恢复重建阶段</td><td rowspan="2">恢复与重建阶段</td><td></td><td></td></tr>
<tr><td>1984 年</td><td></td><td></td></tr>
</table>

① 黄容霞：《我国高等教育质量保障政策 60 年演变（1949—2009 年）——基于历史制度主义分析视角》，《现代大学教育》2010 年第 6 期。

② 魏军：《改革开放 30 年我国高等教育质量政策的内容分析》，硕士学位论文，西北师范大学 2009 年版，第 12—24 页。

③ 苗耀祥：《我国高等教育质量保证政策研究》，博士学位论文，东北大学 2015 年版，第 57—84 页。

④ 汤建静：《政策变迁视角下的广东高等教育质量保障政策研究》，《高等教育研究学》2017 年第 4 期。

续表

<table>
<tr><th></th><th>黄容霞
（2008）</th><th>魏军
（2009）</th><th>苗耀祥
（2012）</th><th>汤建静
（2015）</th><th>本文</th></tr>
<tr><td>1985年</td><td rowspan="6">开放
多样
阶段</td><td rowspan="4">调整变革
阶段</td><td rowspan="4">调整与控制阶段</td><td rowspan="2">酝酿期</td><td rowspan="2">酝酿期</td></tr>
<tr><td>1992年</td></tr>
<tr><td>1993年</td><td rowspan="2">探索期</td><td rowspan="2">探索期</td></tr>
<tr><td>1998年</td></tr>
<tr><td>1999年</td><td rowspan="2">全面发展
阶段</td><td rowspan="5">发展与挑战阶段</td><td rowspan="3">创新期</td><td rowspan="3">创新期</td></tr>
<tr><td>2008年</td></tr>
<tr><td>2009年</td><td></td><td></td></tr>
<tr><td>2010年</td><td></td><td></td><td rowspan="3">完善期</td><td rowspan="4">完善期</td></tr>
<tr><td>2012年</td><td></td><td></td></tr>
<tr><td>2015年</td><td></td><td></td><td></td></tr>
<tr><td>2017年</td><td></td><td></td><td></td><td></td></tr>
</table>

（二）本研究所采用的分期

自新中国成立以来至1977年，高等教育实行“中央统一计划、块块为主”的管理体制，在该管理体制下，高等教育完全处于政治的权威之下。1977年至1984年，高等教育政策得到了调整和丰富，从极端开始走向合理。经过1977年以来的拨乱反正和恢复重建，高等教育事业逐步步入正轨。1985年中央相继颁布了关于经济体制改革、科技体制改革和教育体制改革3个决定，形成了20世纪80年代以体制改革为主的强劲旋律，大大推动了社会主义现代化的进程。中共中央于1985年颁布的《关于教育体制改革的决定》，提出教育必须为社会主义建设服务，社会主义建设必须依靠教育；提出改革高等教育管理体制，在加强宏观管理的同时，坚决实行简政放权，扩大学校的办学自主权；提出教育必须面向现代化、面向世界、面向未来……大规模地准备新的能够坚持社会主义方向的各级各类人才。1990年原国家教育委员会颁布的《普通高等学校教育评估暂行规定》第二条指出，普通高等学校教育评估的主要目的是增强高等学校主动适应社会需要的能力……更好地为社会主义建设服务。这些表述都体现了1985年至1992年这一阶段教育质量为实现“社会主义建设服务”的目的。

1993年2月颁布的《中国教育改革和发展纲要》（以下简称《纲要》）是指导20世纪90年代高等教育发展的纲领性文件。《纲要》进一步重申：“各级各类学校要认真贯彻教育必须为社会主义现代化建设服务……努力使教育质量在90年代上一个新台阶。”为了贯彻落实《中国教育改革和发展纲要》，实施科教兴国、人才兴国的战略，国家教委、国家计委、财政部联合发文，决定实施“211工程”，即面向21世纪，重点建设100所左右的高等学校和一批重点学科，这是为实施我国经济和社会发展战略准备高层次人才的重要决策。“985工程”是在“211工程”取得阶段性成果的基础上，将高等教育推向更高层次的战略举措。1998年国务院转批教育部《面向21世纪教育振兴行动计划》，其中指出：“要提高全民族的素质和创造能力，瞄准国家创新体系的目标，培养造就一批高水平的具有创新能力的人才。”1993年至1998年，在我国高等教育质量保障政策文本内容中，培养高层次的具有创造、创新能力的人才开始作为提高全民族素质的基点被提升了一个新的高度。

1999年我国高校开始实行扩招政策，接下来的十年是我国高等教育规模急剧扩张的时期，我国高等教育逐渐从精英化阶段步入了大众化阶段。由于学生人数的急剧增加而教育资源难以在短时间内迅速增长，使得教育出现质量下滑的趋势。因此，高校的质量问题是政府在这一时期制定高等教育发展政策关注的焦点，国家为了适应新的世纪对人才的要求，出台了一系列有关高等教育的政策，由此高等教育进入以全面提高质量和注重人的发展为中心的新的发展阶段。1999年颁布的《中共中央国务院关于深化教育改革，全面推进素质教育的决定》中提出实施素质教育，“以培养学生的创新精神和实践能力为点、普遍提高大学生的人文素养和科学素质、坚持实现自身价值与服务祖国人民的统一”。2001年《全国教育事业第十个五年计划》中重申：教育的培养目标旨在全面提高国民素质，培养大量具有创新精神和实践能力的人才。2007年颁布的“十一五”规划纲要重申了“着力提高高等教育质量，努力增强高校创新与服务能力”，对于人才培养质量方面指出：“着力培养学生的创新精神和创新思维，增强学生的实践能力、创造能力和就业能力、创业能力。”1999年至2009年这十年，“创新精神和实践能力”“人文素养和科学素质”的提出，以及增强学生的“创业能力和就业能力”等任务的提出都在强烈地透射出国家在高等教育质量的要求方面对个体的关注，对个人的成才和身心健康的重视，要求强调对国家和人民服务的同时更要注重个人自我价值的实现和个体的健康发展。

2010年颁布的《国家中长期教育改革和发展规划纲要（2010—2020)》提出：建设人力资源强国；全面提高高等教育质量；提高人才培养质量；提升科学研究水平；增强社会服务能力和优化结构办出特色。2011年《教育部 财政部关于“十二五”期间实施“高等学校本科教学质量与教学改革工程”的意见》提出，针对高等教育人才培养还不完全适应经济社会发展需要的突出问题，特别是要在高校专业结构不尽合理、办学特色不够鲜明、教师队伍建设与培养培训薄弱、大学生实践能力和创新创业能力不强等关键领域和薄弱环节上，实施“本科教学工程”。2012年教育部发布《关于全面提高高等教育质量的若干意见》提出，坚持内涵式发展、完善人才培养质量标准体系、强化实践育人环节、加强创新创业教育和就业指导服务、健全教育质量评估制度、推进协同创新等时代命题。面对社会经济的转型，满足社会需求成为了这一阶段高等教育质量保障政策出台的原动力。至此，高等教育质量标准从笼统地“培养接班人”转向明确地培养“创新创业人才”。2010年至2017年，我国高等教育质量保障政策开始强调对素质的提高，对人的全面发展的关注，且规定逐步完善和具体化。高等教育质量观渐趋完善并得到政策的支持，高等教育评估探索进入以教学基本状态数据常态监测、院校分类评估、专业认证及国际评估为主要内容的深化阶段。

综上所述，在参考汤建静对高等教育质量保障政策的阶段划分基础上，可将我国1985年至2017年高等教育质量保障政策划分为四个阶段：高等教育质量保障政策的酝酿期（1985—1992年）、高等教育质量保障政策的探索期（1993—1998年）、高等教育质量保障政策的创新期（1999—2009年）和高等教育质量保障政策的完善期（2010—2017年）。

第二节　高等教育质量保障政策文本编码结果分析

本章先介绍扎根理论，而后把该理论用于高等教育质量保障政策并进行编码分析，根据四个时期对我国高等教育质量保障政策编码结果进行梳理，进一步加深对政策内容的认识。

一　扎根理论简介

长期以来，人们受到自然科学研究范式的影响较深，以孔德（Comte）、涂尔干（Emile Durkheim）和大卫·休谟（David Hume）等人为代表的实证主义认为，传统的质性研究过程缺乏可重复性，研究结果缺乏可验证性，批判质性研究的不足。随着认识的发展，人们发现量化研究本身也呈现出诸多问题。1967 年来自社会科学量化研究中心哥伦比亚大学的格拉斯（Barney Glaser）与斯特劳斯（Anselm Strauss）两位学者合著的《扎根理论的发现：质化研究策略》，标志着扎根理论的诞生。其研究是在质性研究中引入量化研究的手段，试图克服量化研究中深度不够、效度不高与质性研究中程序缺乏规范、信度较差的矛盾。此后，两位学者及相关合作者又进一步发表了一系列相关论文，终使得扎根理论成为完整的方法论体系。

到 20 世纪 90 年代以后，扎根理论被广泛应用于教育学、社会学、心理学与管理学等不同专业的研究中。鉴于不同研究者所秉承的研究范式、研究领域、学科背景以及研究问题的差异，在实际使用过程中出现了很多分歧与演化。其中格拉斯和斯特劳斯原始版本、斯特劳斯和 Corbin 的程序化版本以及 Charmaz 的建构主义版本成为当前扎根理论发展中三个最主要的流派。

（一）本文使用版本选择

本文的研究选择了格拉斯和斯特劳斯的版本，主要原因在于，相对于后面两种版本，前者更契合自己的认识论观点，也更适合本节所研究的问题。在格拉斯和斯特劳斯看来，扎根理论研究方法特别强调反思的作用，可以认为反思活动贯穿于研究的全过程，研究者不仅要反思研究的过程，还要反思研究的结果。所谓反思研究过程，就是要求研究者要思考他们的理论建构是如何进展的；在数据搜集的过程中，如何与研究对象进行互动。所谓反思研究结果，扎根理论强调研究者不仅要反思研究对象的解释，更要反思他们自己的解释。

扎根理论研究程序如下：扎根理论的研究过程可划分为4个阶段：数据搜集、开放性编码、主轴性编码和选择性编码的三重编码过程。

1. 开放性编码（Open Coding）

开放性编码利用问题和比较分析，把资料或现象分解成一个一个的单位，比较其间异同，提出疑问和探索，这是最基础的编码形式。

2. 主轴编码（Axial Coding）

完成开放性编码之后，探索资料或现象内含的条件、脉络、行动的策略与结果呈现的编码典范，重新整合数据，发展出主要范畴，就是主轴编码。

3. 选择性编码（Selective Coding）

核心范畴是选择性编码最主要的工作。格拉斯指出，核心范畴必须具备“中央性”，就是指其他所有的范畴都能以之为中心。就各个范畴而言，在不断的比较和概念化之后，抽象层次会逐渐提高，越是高层次的名词，包含性越高、抽象度越高。这样的核心范畴需要研究者沉浸于数据中，反复思考、反复提炼。

上述三种编码形式环环相扣，但事实上，选择性编码伴随开放性编码和主轴性编码在发展中出现的种种目标的线索确认故事发展的脉络，如图1—3所示。因此，研究者经由主轴性编码可梳理出选择性编码。

（二）高等教育质量保障的政策文本三级编码

本研究以1985年以来的124份高等教育质量保障的政策文本为编码对象，应用扎根理论中的编码分析方法，对四个时期的政策文本内容进行分析。

我国高等教育质量保障的政策文本开放性编码数量众多，主轴编码有：保障机构、保障组织、保障相关个人、保障目的、保障对象、保障理念、保障内容、保障方法、保障经费、招录体制、评估体制、奖助体

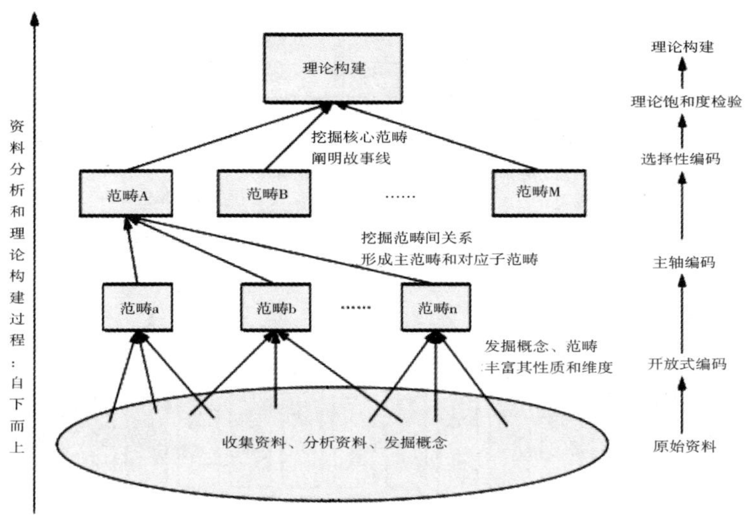

图 1—3 扎根理论的编码过程和操作程序

资料来源：王建明（2013）

制、内部管理体制、师资培育体制；选择性编码有：保障主体、保障客体和保障体制。

编码结果中的结构如图 1—4 所示。根据附录二至五的编码结果，并结合政策文本内容，可以得到以下认识。

二 酝酿期政策文本编码结果分析

（一）高等教育质量保障制度

1. 招录体制方面，提出高等教育生源主要是经过国家考试达到国家要求的高中毕业生。1985 年提出除了通过国家正规考试，高校正式录取计划招生这一个渠道外，可以通过单位委培和自费路径进入高校就读。随着我国市场经济的进一步开放和对人才需求量增大，1990 年又提出进一步继续扩大高校自主权，国家计划招生数量基本不变，委培生和自费生名额增加。

2. 奖助体制方面，提出奖优罚劣的原则、奖励成绩优异者，补助师范院校学生和家庭经济贫困学生等。

3. 评估体制方面，提出省级政府和教育行政部门负责组织实施，

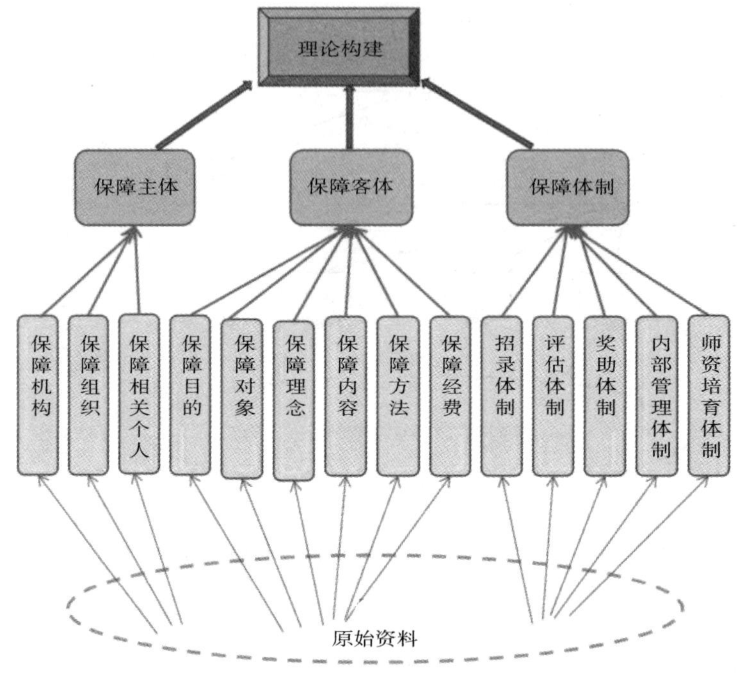

图1—4 高等教育质量保障政策文本编码示意图

资料来源：研究者自行绘制

根据评估对象的差异，制定三种评估（合格评估、办学水平评估和选优评估）方案、评估指标和度量标准。在学校自我评估的基础上，以多方参与的进校评估为重点。强调高等教育质量保障机构、保障组织和相关个人都具有监督权，提出欢迎社会和用人单位实行监督。

4. 内部管理体制方面，随着办学自主权的下放和校长负责制的试行，逐步改变党政过多管控高校的状况。高校在任免学校干部、教育经费筹措与使用、招录方式、毕业工作、专业设置、教材编写等方面拥有自主权。

5. 师资培育体制方面，提出师范生免收学杂费、供给膳宿。提出具备条件的非师范高校也可以培育师资；提出鼓励在职教师参加国内外学术交流和合作，提出学术休假制度。

这一时期对评估体制和内部管理体制关注较多，对考试招录体制、奖助体制和师资培育体制关注较少。评估体制建立了基本框架，开展了试点评估；内部管理体制表现为自主权扩大；招录方式上，委培生和自费生份额增大，意味着学生入学有新路径且权利与机会都在扩大，就业方面学生自主选择权也扩大；奖助体制体现奖优助贫，体现教育公平；师资培育体制主要是确认师范生的权益。总之，保障体制尚处于初步建设阶段。

（二）高等教育质量保障价值主体

1. 高等教育质量保障机构包括国务院、国家教育委员会、国务院各部委、各级人民政府。

2. 高等教育质量保障组织主要是高校、评估委员会。其中，高校包括普通高校、“211工程”高校、高等师范院校、新建普通高校、申请试点学校、申请评估学校；教育评估委员会包含了普通高校教育评估委员会及其带领下的学科、专业、课程和鉴定的官方委员会。

3. 高等教育质量保障相关个人包括教师、学生、学校各层级领导人、专家。其中，教师包括普通教师、专任教师、兼任教师；学生包括普通大学生、师范生和应用学科学生；学校各层级领导人包括专职校（院）长、副校（院）长、科系负责人、专业负责人和思想政治工作负责人；专家包括评估专家、验收专家。

这一时期提出简政放权和实行中央、省级政府两级办学体制，中央与省级政府隶属关系不变，提出中央政府职能逐渐转变，从“一手抓”试点转变为对高等教育质量保障进行统筹规划和宏观引导，引导省级政府发展高等教育；教育部作为兼具统筹规划和执行实施政策职能的业务部门，在高等教育领域起着核心领导作用；中央其他部门管理部属高校。省级政府拥有部分统筹规划本省高等教育的权力，教育行政部门职能有所转变。显然，国家层面的行政机构权力在下放，地方层面的行政机构权力在扩大。政府通过法规、计划、拨款、组织评估等手段和人才劳务市场的调节作用，引导学校建立自我约束机制。高校在招录学生、任免副校长及中层干部、安排基建投资和经费、开展学术交流、专业、教学大纲和教学计划上拥有自主权，享有了更多的权利。由以上的分析可得，办学体制和自主权的变更，改变了中央政府、省级政府和高校的关系，是国家权力系统内部权力（中央和省级政府之间）和外部权力

（政府和学校之间）的再分配，关系重构体现在中央向省级政府、省级政府向高校的放权。

（三）高等教育质量保障价值客体

1. 高等教育质量保障目的主要有三个：①根本目的是通过合理布局，优化结构，在建设社会主义现代化强国的过程中，解决现代化建设的理论和实际问题，培养各级各类人才，发展科学文化，提高民族素质；②高校立足实际展开教学、科研和技术服务培养国内需要的高级专门人才；③将学生培养成全面发展的劳动者。

2. 高等教育质量保障对象是基本办学条件、指导思想、路线、方针、学科、专业、课程、教师和学生。

3. 高等教育质量保障理念提出尊重教育工作的规律，坚持实事求是，做到大政方针统一，将全国或全省看成一盘棋统筹规划，具体因地制宜，实行分区规划，树立将人才培养的数量和质量作为衡量学校工作的标准，重视人才，培养“三个面向”的人才。

4. 高等教育质量保障内容可以从两个层面理解（国家、高校）。从国家层面来看，重点改革办学体制，改革计划体制，控制专业布点，根据高校设置条例审批验收高校，评估科学研究工作，建设科学技术队伍，建立研究实验室和工程研究中，加强教育立法。从高校层面来看，有校长负责制，对基本办学条件、指导思想、路线方针、教育结构、教育教学、科学研究、教学内容、教学方法和教学制度等内部情况都进行了改革，建设重点学校和学科。

5. 高等教育质量保障方法，提出推进校际合作和学校内部的跨学科研究，提倡联合办学；制定了合格评估、水平评估的选优评估方案；分阶段推进内部结构优化，提出实行学分制和双学位，调减基础学科，强调发展应用学科，增加实践环节，控制专业种类和结构；加强教学、科研和生产，推进跨学科研究。

6. 高等教育质量保障经费强调政府教育拨款的增长要高于财政经常性收入的增长，教育事业费和教育基建投资由中央地方财政和有关部门支出稳定的补助为主、校企补贴等多渠道筹措解决，经费安排上，学校可自行安排，主要是更新和充实学校土地、校舍、实验室、图书馆、教学用具和生产实习基地等物质条件，1991 年后经费由各级教育行政部门与计划、财政部门协商统筹安排，在使用上总额包干。

这一时期，开展了教育评估试点工作。1985 年至 1990 年，分别对各高等工程院校开展整体水平评估、专业本科教育水平试点评估和本科教学质量试点评估。为确保达到培养高级专门人才，促进经济发展，提出“建设一批重点学科”，加快财经、政法、管理等学科发展，扶持新兴、边缘学科，国家财政通过加大教育经费建设国家级重点实验室。被评选为重点建设的高校相比普通高校，拥有更多办学自主权，占有更多教育人力和物力资源，相应地，这些高校的学生也拥有更多权利与机会。可见，高校之间和学生之间，其权利与机会不均等。

分析酝酿期政策文本编码结果和结合文本内容，显示中央、省级政府和高等学校的关系重构，体现在中央向省级政府、省级政府向高校的放权；被评选为重点建设的高校（学生）与普通高校（学生）之间权利与机会不均等；评估体制和内部管理体制是酝酿期建设重心。这个阶段的政策重点在设计框架，属于投资型政策。

三　探索期政策文本编码结果分析

（一）高等教育质量保障制度

1. 招录体制方面，提出逐步扩大调节性计划，部分高中毕业生、农村、边远地区和优秀基层工作人员符合有特殊专业需求高校的要求可以通过联合或单独组织招生考试进入高校就读，减少文化统一考试科目，增加会考，强调对招生录取采取监测手段，保证过程规范。

2. 奖助体制方面，提出大学实行收费制度，同时贫困生可申请贷款上学；提出企事业单位和社会团体可在高校设置奖学金，强调发挥奖助学金育人和奖优助贫的职能。

3. 评估体制方面，践行“以评促改、以评促建、评建结合、重在建设”的原则，提出建立各类学校质量标准和指标体系，强调通过多种形式进行质量评估，学校要重视用人单位的反馈意见，建立和完善教育评估制度。

4. 内部管理体制方面，提出继续扩大高校的办学自主权和实行党委领导下的校长负责制。

5. 师资培育体制方面，提出高校在职师资培养立足国内、加强实践，加强教师校际、国内和国外交流合作，重点扶持和培养科研、学术带头人，提高教师工资待遇，继续扩大师范院校定向招生的比例，提出实施教师资格认定制度。

这个时期对评估体制和师资培育体制关注较多，对招录体制和奖助体制关注较少；评估体制对各类评估制定质量标准和指标体系，对多所高校开展了合格评估；内部管理体制表现为自主权继续扩大；招录方式上出现质量监控；奖助体制加大教育公平；师资培育重点培养学术带头人。

（二）高等教育质量保障价值主体

1. 高等教育质量保障机构包括国务院、国家教育委员会、国务院各部委、各级人民政府。

2. 高等教育质量保障教育组织包括高等院校、评估委员会、资格委员会。其中，高等学校包括普通高等学校、“211工程”高校、高等师范院校、改革试点学校、评估申请学校。

3. 高等教育质量保障相关个人包括教师、学生、学校各层级领导人、项目负责人、专家。其中，教师包括普通教师、专任教师、兼任教师、学术带头人、骨干教师、高水平的教授；学生包括普通高校大学生、师范生和“211工程”高校学生；专家包括各种评估专家、验收专家、审稿专家。

这一时期提出强调简政放权和继续扩大高校的办学自主权，提出加快教育法制建设，规范权力的使用；提出中央政府职能继续转变，将更多的办学权交给省级政府，扩大实行两级政府办学体制试点；提出有经济优势的地区可在中心城市办学，强调高校法人实体化；中央在高等教育招生、专业、经费等决策权下放，转变为统筹规划、政策指导、监督检查，所以中央权力继续下放；部门所属院校办学权交省级政府或中央和省级政府联合办学，可见中央业务部门权力减小。高等教育在实行分级管理之后，中央负责国家层面的统筹规划，直接管理骨干学校和地方不便管理的学校；省级政府掌握学位标准、年度招生计划、专业设置、经费预算、检查评估的权限，掌握本省（自治区、直辖市）高校办学权、教育决策权和统筹权，权力在扩大。这个时期中央向省级政府和高校进一步放权，三者关系在动态变化当中，办学权重心逐渐向省级政府转移。

（三）高等教育质量保障价值客体

1. 高等教育质量保障目的主要有以下五个：①通过提高规模效益，建设一批重点学校和学科，培养适应现代化需要、与经济体制相适应的社会主义接班人，使高等教育成为经济发展的强推力；②省级政府从实际出发，建设能够代表本地区、优势行业先进水平的高校、学科和专业；③高校加强基础科学和应用科学的研究，建设思想政治工作队伍，树立良好的校风和学风。此外，提出重点大学组织精干力量承担国家科技攻关项目和发展高新技术任务；④加强德育，将学生培养成全面发展的高层次专门人才；⑤重点高校和学科，增强综合国力和国际竞争能力，在国内能起到骨干和示范作用，在国际上达到同类学校和学科的先进水平。

2. 高等教育质量保障对象是办学指导思想、师资队伍、教学设施、教学经费、专业、课程、德育、学生、学校领导、学风、体育美育、理论与技能和就业。

3. 高等教育质量保障理念提出科教兴国战略，扶持少数民族高等教育，因地制宜、分类指导，坚持“三个面向”，加强文化素质教育，发挥规模效益，高校确定与自身情况相符的目标；提出稳步发展基础学科，适当发展新兴和边缘学科，重点发展应用学科，调减文科、财经、管理、法学各类本科招生规模，强调控制新设长线专业。

4. 高等教育质量保障内容可以从两大层面（国家、高校）理解。从国家层面来看，开展的活动有改革高等教育办学和管理体制、“211工程”、“高层次创造性人才工程”、“高校高新技术产业化工程”；从高校层面来看，有改革教育结构、教学内容和方法，教学、科研、社会服务、国际学术交流、思想政治教育、物资条件、培养学术带头人的相关活动。

5. 高等教育质量保障方法提出分步推进加大力度在高校内部专业、课程、教材教学大纲、教学内容、教学方法等的改革，且综合配套改革其要求和方向；提出促进不同学科融合、结合第一课堂和第二课堂、结合教学、科研和社会实践、结合文化素质教育和专业教育，国内外专家学者共同培养、加强校园人文环境建设。

6. 关于高等教育质量保障经费方面，提出按照酝酿期“三个增长”原则增加教育经费，以国家拨款为主，收取学杂费，还通过校企收入、社会捐资和教育基金筹措经费，千方百计多渠道增加教学经费。其中，由学校所在省级政府有关部门拨款，对不同层次和科类高校，使用不同的拨款标准和拨款方法，实行基金制。“211 工程”高校除此之外还可以获得中央和地方部门统筹的专项基金，经费来源采取国家、部门、地方和高校共同筹集的方式，比普通高校广。经费使用上，改革教育经费管理体制，继续加强实验室和实习基地建设。此外，强调“211 工程”高校大幅度改善办学物质条件，建设国家重点实验室，有关部门为其提供优惠政策。

1993 年开始对 6 所工科院校进行本科教学评估实训，在 1995 年至 1998 年，分别每年对 8 所、29 所、64 所和 37 所学校进行合格评估，其间在 1996 年和 1997 年分别对 2 所学校进行选优评估。这一时期，继续扩大高校办学自主权，高校在招生方面，不仅有权选拔新生，部分有特殊人才需求的高校还有权联合或单独招生考试录取新生；提出加大力度支持“211 工程”建设，出台了具体选拔和建设方案；对此类高校和普通高校的发展和育人提出不同的目标、理念、内容、方法、经费等支持。“211 工程”高校可以申请更多办学自主权，可以得到更多国家财政拨款。高校之间，由于继续推动“211 工程”，随着中央权力下放，这些高校自主办学权继续扩大，掌握更多人力和物力资源、优先发展和优惠政策，所以这个时期，“211 工程”高校与普通高校之间的权利与机会差距被拉大。

分析探索期高等教育质量保障主体、保障客体和保障体制显示，中央向省级政府、省级政府向高校进一步放权，三者关系一直处于动态变化中，办学权重心逐渐转移到省级政府，高校自主权继续增大；国家对

"211 工程"高校和普通高校提出不同的目标、理念、内容、方法、经费等支持，"211 工程"高校（学生）与普通高校（学生）之间的权利与机会差异增大；重点关注评估体制和师资培育体制。这个阶段的政策重点在丰富框架，属于发展型政策。

四　创新期政策文本编码结果分析

（一）高等教育质量保障制度

1. 招录体制方面，提出完善"对口单招"和"订单式"培养方式；实施阳光工程，严格审查普通高校招生资格和流程，加强相关信息公开和社会舆论监督；改革考试内容、方式和评价制度，放宽入学年龄限制，逐步建立多次机会、双向选择、科学和公正的招生选拔制度。还提出有条件的省份可以试验多种形式、弹性修业年限和学分制的制度。

2. 奖助体制方面，提出加大资助力度，扩大受助学生比例；提出西部高校实行"奖学金、助学贷款、勤工助学、特殊困难补助、学费减免"的优惠资助体系，扩大受助学生比例。

3. 评估体制方面，提出教育部对专业设置、教材实行指导和检查，建立高校基本状态数据年度公布制度，建立健全政府、高校和社会有机结合的分类指导、分类评估的专业、课程、教材、教学的内部质量评价、监控和保障体系；强调完善评估指标体系；提出对"211 工程"项目实行年度总结、中期检查和项目验收的办法；强调教材需进行严格的审稿；改革专业评估制度，提出专业认证试点的组织结构和程序。

4. 内部管理体制方面，提出教育家办学，完善学校法人制度；进一步精简机构，管理队伍专业化，减员增效；建立人才评价、分配激励机制；改进对学校主要领导干部的管理与考核制度；端正学风，强化对课程、实验、实践和毕业设计等教学环节的管理。

5. 师资培育体制方面，提出坚持适度超前、优先发展的原则，遵循规律，重组资源，提出强化教学实践环节，建设一批规模大、层次高、结构优化的省部共建高等师范大学；鼓励综合大学培养师资；提出培育创造性强、师德高尚的青年教师，坚持教授上讲台、进一步完善教师教学考核制度；提出在教育部直属师范大学实行免学费和住宿费，补助生活费的政策。

这个时期对招录体制阳光化、评估体制完善、师资培育关注多，对奖助体制和内部管理体制关注较少。这个时期还提出继续完善教育立法，加强教育法制机构和队伍建设，完善教育行政执法监督机制，高校依法办学；强调应用现代教育技术提升教学水平；在高水平大学之间建立竞争发展机制。这个时期的体制处于健全阶段。

（二）高等教育质量保障价值主体

1. 高等教育质量保障机构包括国务院、国家教育委员会、国务院各部委、各级人民政府。

2. 高等教育质量保障组织主要是高等学校、评估委员会、校内组织和各大出版社。其中，高等学校包括普通高等学校、省市共建师范大学、部属高校、支援高校、受支援高校、“985工程”高校、“211工程”高校、高等师范院校、教育部直属师范大学；评估委员会包括专业设置评议委员、专业（课程）教学指导委员会、教材编审委员会、专业认证专家委员会、专业认证分委员会、专业认证监督与仲裁委员会、专业认证专家委员会秘书处、质量工程领导小组；校内组织包括校学术委员会、实习支教小组、学术团队。

3. 高等教育质量保障相关个人包括教师、学生、学校各层级领导人、项目负责人、管理人员、专家。其中，教师包括普通教师、专任教师、兼任教师、学术带头人、骨干教师、高水平的教授、实习支教的指导教师；专家包括验收专家、审稿专家、工程教育界专家和企业界专家、专业认证专家。

这个时期提出进一步简政放权，扩大高校办学自主权，政府通过加强教育立法、改变经费拨款方式、规划方向、评估监督发展状况、提供信息服务、制定政策转变职能；中央政府权力继续下放，省级政府统筹管理本地区高等教育权力增大。教材上实行中央和省级政府两级管理、以省级政府管理为主的新体制；“211工程”高校采取国家、主管部委或省级政府管理为主，学校自我管理为基础的三级管理方式。简而言之，这个时期中央进一步转化职能下放权力，办学权的重心基本落到省级政府。

（三）高等教育质量保障价值客体

1. 高等教育质量保障目的有以下三个：①国家层面重点建设高水平大学和学科，建成布局和结构合理的具有世界先进水平兼具中国特色的高等教育配套的学科、专业、课程、教材体系，提高对外开放水平，发挥人力资源优势；②重点发展大学层面，高水平大学和学科达到国际先进水平，造就和凝聚国内外一流的师资队伍，加强产学研结合，提高自主创新能力，成为引导我国科技创新、经济发展的主导力量；③普通高校层面培养符合国内发展需要的具备学习能力、创新创新、服务能力的经济建设者；④高校一对一帮扶发展中西部高校的学科专业、师资队伍、内部管理体制和运行机制建设，提高高校科技创新与服务能力。

2. 高等教育质量保障对象是办学指导思想、学校领导、师资队伍、管理队伍、学生、教学设施、教学经费、专业结构、课程、教材、德育、学风、体育、美育、理论与技能、就业、毕业论文或毕业设计。

3. 高等教育质量保障理念有以下几点：①坚持分步进行原则和贯彻“以评促改，以评促建，以评促管，评建结合，重在建设”原则，通过评估及其结果加强国家对高等教育优先发展的重视；②提出高校改革的关键是人才队伍建设，促使教育主管部门重视人才培养工作，高校自觉地贯彻执行国家的教育方针；③以科学发展观统领全局，大力实施科教兴国战略和人才强国战略，统筹规模、结构、质量、效益，促进教育公平；④坚持公平公正原则，对中西部高校和处境不利人群给予政策倾斜；⑤强调教学工作的中心地位，加强专业、课程教材和教学方法的综合配套改革，利用现代教育技术提升教学水平。

4. 高等教育质量保障内容可以从两大层面（国家和高校）理解。从国家层面来看，有对口支援西部高校、教育信息化工程、二期“211工程”、“质量工程”；从高校层面来看，包括教学、科研、社会服务、办学条件、办学指导思想、骨干教师、教学设施、教学经费、专业设置、课程体系、教材编写、教学改革与实践、管理队伍的建设、学历文凭、学位证书、生源等。

5. 高等教育质量保障方法强调对不同层次、类型的高校教学质量监测实施分类指导；使用英语教学，实施教改工程，重点建设实验教学示范中心，推进高校实验教学内容、方法和模式的改革与创新，实施创新性实验计划；修订各专业培养方案；提倡高水平教授授课，加强本科基础课教学；加强师德建设；提升教师职务聘任标准；把全面发展教育有机地统一在教育活动的各个环节中，重视基础知识、科学文化、思想道德和人文素养的培育。这个时期强调产学研结合和不设置新专业。提出大力支持高新技术学科，发展高校哲学社会科学，加强国家重点领域紧缺人才培养；健全完善教育法律体系。

6. 高等教育质量保障经费提出完善教育经费拨款办法，多渠道筹集资金，加大教学经费投入力度，提升生均标准，教育事业费及时、足额到位，充分发挥教育拨款在宏观调控中的作用，提高使用效益；高校校舍、教学经费、图书资料、实验室、教学仪器设备、文体卫生设施基本达到专业必需的标准，推进教学改革和管理体制改革；重点发展高校设置中央专项资金。

在教育部的领导和组织下，从1999年至2002年，对46所高校进行了合格评估，对12所高校进行了选优评估，对26所高校进行了随机评估，对20所高校进行了水平评估。在2003年又开始了新一轮的本科教学水平工作评估，分别对592所高校进行了水平评估，对1所高校进行了合格评估。这个时期强调进一步扩大自主权，合理配置教育资源，提高教育质量和办学效益；提出加大社会急需专业的招生数量，控制长线专业的发展规模；对重点发展的高水平大学和普通高校分别设定了不同的目标、配置不同的高等教育资源。显然，两个层次的学校之间的差距进一步扩大。

创新期编码结果分析显示，保障主体之间的新型关系基本成型，办学权重心已经落在省级政府，高校已经拥有相当的自主权，保障主体更多的是运用多种手段分配保障资源、健全保障体系，开展保障活动，达到提高高等教育质量的目的。这个阶段的政策重点在丰满框架，属于拓展型政策。

五　完善期政策文本编码结果分析

（一）高等教育质量保障制度

1. 招录体制方面，提出分类考试、结合学业水平考试和综合素质评价，择优、自主、推荐、定向和破格录取等多元录取方式，实行招考分离；提出学校需注重考察所在地区经济社会发展状况，预测人才需求和社会吸纳能力，改进平行志愿投档，完善高校招生选拔机制，增加高校和学生双向选择的录取方式。提出英语一年多考，录取时对中西部、人口大省、农村实行适度照顾政策，减少和规范考试加分，各地要根据需要，有计划地在高校设置特殊教育学院或相关专业。

2. 奖助体制方面，提出扩大覆盖面、加大力度；建立奖助学金标准动态调整机制，完善基层就业学费补偿贷款代偿等政策，提高精准度，优化名额和资金分配机制，严控发放程序和时间节点，确保足额发放，逐步提高家庭经济处于弱势的学生补助标准；资助体现人文关怀和强化育人功能。

3. 评估体制方面，成立国家教育质量监测评估机构，研究制定普适型教学质量国家标准，推动政府、高校和行业联合制定专业教学质量标准，建立课程、教材质量监控和评价机制，建设集教育、预防、监督、惩治于一体的学术诚信体系；对高校创新能力提升计划建立第三方评审机制，建立高校科技发展情况的动态监测、及时反馈机制；提出精简三评，实行目录清单管理。师范类专业实施专业认证，强化高校主体责任、运用多种认证方法，建立三级监测认证体系；建立健全以学校内部评估的基础，以院校评估、专业认证及评估、国际评价和教学基本状态数据常态监测为主要内容，政府、学校、专门机构和社会多元评价相结合，突出特色发展、评估工作规范、信息公开的教学评估制度。

4. 内部管理体制方面，提出分类指导、分类管理的现代大学制度，创新教育家办学制度，加强师资队伍、经费投入、信息化、学风和廉政的建设，学风方面提出应当加强学术诚信建设，推进管理人才、辅导员和教辅人员队伍建设，落实高校章程，加强学术组织建设，完善民主管理和监督机制，完善内部治理结构。

5. 师资培育体制方面，提出调整院校布局、优化课程结构、更新教学内容、开发资源、改进教学方法和手段；在师资管理方面，提高教师地位待遇；努力造就一支师德高尚、业务精湛、结构合理、充满活力的高素质专业化的“双师型”教师队伍，实施吸引优秀人才长期从教、终身从教政策。

这个时期对评估体制关注最多，提出制定普适标准、精简三评、监测常态化、完善第三方评审机制和信息公开，招录体制主要是关注招生考试相对分离、奖助体制主要是加大力度足额落实、内部体制主要是学风建设、师资培育体制主要是加强实践环节。这个时期的保障体制属于健全完善阶段。

（二）高等教育质量保障价值主体

1. 高等教育质量保障机构包括国务院、国家教育委员会、国务院各部委、各级人民政府。

2. 高等教育质量保障组织主要是高等学校、各委员会、各工作小组、各机构、各出版社。其中各委员会包括评估专家委员会、专家咨询委员会、学术委员会、学风建设委员会、评议委员会、卓越人才教育培养计划指导委员会、国家教育考试指导委员会、认证专家委员会；各工作小组包括“本科教学工程”领导小组、“本科教学工程”专家组、中央人才工作协调小组、推进计划实施工作部际协调小组、中西部高教振兴计划工作小组、“2011 计划”领导小组、国家教育体制改革领导小组；机构有教育部高等教育教学评估中心、学风建设办公室、教育督导机构、招生考试机构、纪检监察机关或者司法机关、各地教育评估机构、国际高等教育评估及专业认证机构以及独立法人资格的专业认证机构。

3. 高等教育质量保障相关个人包括教师、学生、学校各层级领导人、管理人员、项目负责人、各种评估专家。

这个时期推进政校分开、管办评分离，取消实际存在的行政级别和行政化管理模式，中央政府负责制订规划、方针政策和基本标准，通过法律、政策、规划、财政拨款、标准、信息服务引导和督促高校规范办学，控制高校项目评审、教育评估、人才评价和检查事项；省级政府为主统筹管理、落实政策，开展试验。并提出进一步落实和扩大学校办学自主权，高校在教学、科研、社会服务、学科专业、经费、人事、职称、薪酬、国际交流合作等方面拥有更多的自主权。坚持权责统一、监管同步，保障学术组织相对独立行使职权，完善校内和社会监督机制，推动学校向院系放权，健全以章程为统领规范行使办学自主权的制度体系，构建政府、学校、社会之间新型关系，明晰边界，形成决策、执行、监督相互协调、相互制约的教育治理结构。

（三）高等教育质量保障价值客体

1. 高等教育质量保障目的可以分为四个层面：①国家层面扩大教育开放，促进教育公平、振兴中西部高等教育，提高高校原创能力，建成一批国际知名、有特色、高水平的具有国际学术话语权和影响力的高校，产出国际高影响力的原始创新成果，显著增强高等教育国际竞争力，实现内涵式发展，坚定政治、经济和文化自信，进入世界人力资源强国、人才强国和创新型国家行列；②重点发展高校层面，形成具有中国特色和世界影响的新型高端智库，有世界一流的师资、课程、教材，培育国际一流的学科领军人才和复合型人才；③普通高校层面提高核心办学能力，将数以千万计的学生培养成符合国家战略需求和地方经济发展、素质优良、品德优良、知识丰富、技能过硬、社会服务能力强的专门人才和拔尖创新人才；④促进高校全面贯彻党的教育方针，引导高校合理定位、办出水平、办出特色；促进社会参与高校人才培养和评价、监督高校教学质量。

2. 高等教育质量保障对象是办学指导思想、师资队伍、教学设施、教学经费、专业、课程、德育、学生、学校领导、学风、体育、管理队伍、毕业论文或毕业设计、社会资源、培养过程、生源、教学质量保障体系。

3. 高等教育质量保障理念有以下四点：①提出确立人才培养中心地位的根本要求；②根据不同的高校进行科学规划、分类发展，做到优化存量、做优增量，省级统筹，分区指导，公开透明，规范严格；③以促进公平为重点，以提高质量为核心，从关键环节入手，推进培养体制、办学体制、管理体制、保障机制等方面的教育体制改革；④树立多样化人才和系统培养观念。

4. 高等教育质量保障内容可以从两大层面（国家和高校）理解。从国家层面来看，有经费投入与管理、信息化进程、优质资源开发与应用、依法治教、中西部高等教育、卓越计划、“211计划”、招生制度、教育法制、科教结合、特殊高等教育；从高校层面来看，有办学指导思想、更新教学设施、教学经费、资源共享、科研、社会服务、创新创业、师资队伍、学生发展、教育公平、德育、专业、新课改、教材编写、社会资源、生源、学风、教学质量保障体系。

5. 高等教育质量保障方法提出建设开放共享的大学生实验实践教学平台，抢占原始创新战略制高点，培养创新人才注重学思结合和知行统一的思维；全面推进依法行政，依法治校，坚持科教融合、开放协同，构建科研组织新机制，建设追求卓越，营造崇尚创新的文化氛围。

6. 高等教育质量保障经费提出保障经费投入，健全各级政府教育经费分担机制，明晰中央和地方的财政支出责任，设立拨款咨询委员会，建立科学化、精细化预算管理机制，提高预算执行效率，精简经费使用考核评估；各地要根据高校合理需要，提高生均拨款基本标准，中央财政专项经费按照统一规划、单独核算、专款专用的原则，实行项目管理，建立“以奖代补”机制；提出健全举办者投入为主、受教育者合理分担培养、学校设立基金接受社会捐赠等国家资助政策体系。

这个时期的前三年，52所高校进行了合格评估。这个时期强调进一步扩大高校办学自主权，前期提出加大力度支持“211工程”和“985工程”，2014年为解决重点建设高校中存在的身份固化、竞争缺失、重复交叉等问题提出统筹推进世界一流大学和一流学科，瞄准世界一流，以学科为基础，以绩效为杠杆，以改革为动力，凝聚一流的师资，培养拔尖创新人才，传承创新优秀文化，着力推进成果转化。从“211工程”到“双一流”建设，都是保障主体通过分配有限的教育资源支持不同类型高校又一次差别化发展，因高校之间的发展与机会的差距次被拉大。

分析完善期编码，显示政府和高校的关系基本成型，育人和公平是这个时期的主旋律，保障政策以重大发展项目和改革试点为抓手，寻求优先发展与服务全局、促进公平与注重效率、扩大规模与提高质量、整体推进与分类指导、立足国情与面向世界、改革发展与维护稳定等重要关系，保障政策致力于加快推进高等教育治理体系和治理能力现代化，形成政府宏观管理、学校依法自主办学，社会广泛参与支持的格局。我国高等教育已经从大规模特征的外延式发展成功转入到以提高质量为特征的内涵式发展阶段。

第三节　高等教育质量保障政策价值系统的演进

前述应用扎根理论中的编码分析方法，对酝酿期、探索期、创新期和完善期的高等教育质量保障政策文本内容进行了编码，并对四个时期的编码结果进行了详细的分析。四个时期分别是过去40年高等教育质量保障政策的发展过程中的节点，本节结合理论基础中的高等教育质量保障政策的价值系统，从四个时期分析保障主体、保障客体、保障相关制度和保障政策内含关系的演进，得到其演进情况。

一　高等教育质量保障相关制度的演进

（一）招录体制的演进

酝酿期提出招录通过国家正规考试，计划招生、单位委培和自费路径三个途径招生；探索期减少文化统一考试科目，增加会考，强调对招生录取采取监测手段，保证过程规范；创新期实施阳光工程，严格审查普通高校招生资格和流程，加强相关信息公开和社会舆论监督；改革考试内容、方式和评价制度，逐步建立多次机会、双向选择、科学和公正的招生选拔制度；完善期实行招考分离，分类考试、结合学业水平考试和综合素质评价，择优、自主、推荐、定向和破格录取等多元录取方式。招录体制的演进体现在考试内容多样化、考试与招生相对分离，录取方式多样化，过程规范化。

（二）奖助体制的演进

酝酿期提出奖优罚劣的原则，奖励成绩优异者，补助师范院校学生和家庭经济贫困生；探索期提出大学实行收费制度，同时贫困生可申请贷款上学；提出企事业单位和社会团体可在高校设置奖学金，强调发挥奖助学金育人和奖优助贫的职能；创新期提出加大资助力度，扩大受助学生比例；提出西部高校实行“奖学金、助学贷款、勤工助学、特殊困难补助、学费减免”的优惠资助体系，扩大受助学生比例；完善期强调健全基层就业学费补偿贷款代偿等体系，提高精准度，优化名额和资金分配机制，严控发放程序和时间节点，确保足额发放，逐步提高家庭经济处于弱势的学生补助标准；资助体现人文关怀和强化育人功能。奖助体制演进体现在奖助学金资助力度加大，受助力度加大，资助精准度加大，程序规范，体现人文关怀和育人功能。

（三）评估体制的演进

酝酿期制订了评估方案（合格评估、办学水平评估和选优评估）、评估指标和度量标准；探索期提出建立各类学校质量标准和指标体系，强调通过多种形式进行质量评估，学校要重视用人单位的反馈意见，建立和完善教育评估制度；创新期提出专业认证试点的组织结构和程序，建立健全政府、高校和社会有机结合的分类指导、分类评估的专业、课程、教材、教学的内部质量评价、监控和保障体系；完善期提出精简三评，实行目录清单管理，师范类专业实施专业认证，成立国家教育质量监测评估机构，研究制定普适型教学质量国家标准，推动政府、高校和行业联合制定专业教学质量标准，建立课程、教材质量监控和评价机制，建设集教育、预防、监督、惩治于一体的学术诚信体系；建立健全以学校内部评估的基础，以院校评估、专业认证及评估、国际评价和教学基本状态数据常态监测为主要内容，政府、学校、专门机构和社会多元评价相结合，突出特色发展，评估工作规范，信息公开的教学评估制度。评估体制的发展是先设计评估的类型和流程框架，然后建立不同层次、不同类型的质量标准和评估指标体系，体现在评估（认证）方式和评估指标多样化、评估主体多元化、评估流程规范化。

（四）内部管理体制的演进

酝酿期改革了高校可任免学校干部、教育经费筹措与使用、招录方式、毕业工作、专业设置、教材编写等方面拥有自主权；探索期提出继续扩大高校的办学自主权和实行党委领导下的校长负责制；创新期提出教育家办学，完善学校法人制度；进一步精简机构，管理队伍专业化，减员增效；建立人才评价、分配激励机制；完善期提出分类指导、分类管理的现代大学制度，加强师资队伍、经费投入、信息化、学风和廉政的建设，学风方面提出应当加强学术诚信建设，推进管理人才、辅导员和教辅人员队伍建设，落实高校章程，加强学术组织建设，完善民主管理和监督机制。每个时期提出政府简政放权和扩大高校办学自主权都会推动内部管理体制的变化。内部管理体制的演进体现在高校在内部机构、人事、经费、招录方式、学科与专业、课程、教材等都具有了绝大部分自主权。

（五）师资培育体制的演进

酝酿期提出师范生免收学杂费、供给膳宿，提出具备条件的非师范高校也可以培育师资，提出鼓励在职教师参加国内外学术交流和合作，提出提高教师的工资待遇和学术休假制度；探索期提出高校在职师资培养立足国内、加强实践，加强教师校际、国内和国外交流合作，重点扶持和培养科研、学术带头人，提高教师工资待遇，继续扩大师范院校定向招生的比例，提出实施教师资格认定制度；创新期提出强化教学实践环节，教育部直属师范大学实行免学费和住宿费，补助生活费的政策，建设一批规模大、层次高、结构优化的省部共建高等师范大学；完善期提出继续提高教师地位待遇，吸引优秀人才长期从教、终身从教，强调教师的学术诚信、师德建设、完善教师资格制度，提出末位教师退出机制。师资培育体制的演进体现在一直强调提高教师待遇和社会地位，培育学术带头人和骨干教师培养各类人才，同时反哺师资培育系统，师范生享有更多优惠政策，对教师的继续教育给予了制度性的保障，越来越强调教师理论联系实际，实践教育能力的培养，并一直强调提升教师的工资待遇和社会地位。

根据以上的分析，招录体制的演进体现在考试内容多样化、考试与招生相对分离，录取方式多样化，过程规范化；奖助体制的演进体现在奖助学金资助力度加大，受助力度加大，资助精准度加大，程序规范，体现人文关怀和育人功能；评估体制体现在评估（认证）方式和评估指标多样化、评估主体多元化、评估流程规范化；内部管理体制的演进体现在高校拥有越来越多的自主权；师资培育体制的演进体现在一直强调提高教师制度性的保障和反哺师资培育系统。总而言之，我国高等教育质量保障政策的相关制度逐渐规范化。

二 高等教育质量保障价值主体的演进

（一）保障机构的演进

过去三十余年高等教育质量保障政策的保障机构主要包括中央政府（国务院）、教育部（原国家教育委员会）、国务院各部委、省级政府、地方政府，保障机构类型没变。随着中央政府和省级政府的简政放权，中央政府的权力持续下放，省级政府权力持续扩大，地区教育统筹权重点已经落在省级政府。

（二）保障组织的演进

如图1—5所示，保障组织在酝酿期主要是高校和评估委员会；探索期增加资格委员会，其中“211工程”协调小组对目标大学的规划和发展有至关重要的影响；创新期增加出版社和各种工作小组，这个时期非常强调支援高校对中西部受支援高校的帮扶，且对“985工程”的高等学校、“211工程”的高等学校、师范院校和试点学校提出不同的建设要求；完善期增加各种评估机构，成立了学风建设办公室、招生考试机构。保障组织类型的增多，反映了保障组织出现了从主干组织向枝干组织发展逐渐完善的过程。

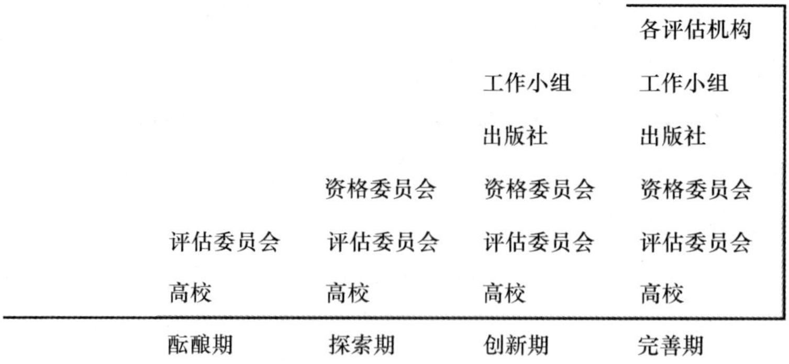

酝酿期	探索期	创新期	完善期
			各评估机构
		工作小组	工作小组
		出版社	出版社
	资格委员会	资格委员会	资格委员会
评估委员会	评估委员会	评估委员会	评估委员会
高校	高校	高校	高校

图1—5 保障组织演进图

其中，各官方委员会作为一种集体领导组织，首先是一个政治组织，也是一种教育组织，需要将其同时纳入中国特色的政治体系、教育保障体系和政治实践、教育保障实践中考量考察。官方委员会的结构是，各官方委员会从政治体系角度而言，具有强制性；从教育体系而言，具有社会化的功能；从政策层次而言，官方委员会的活动反映了我国高等教育质量保障政策由教育领域向社会管理领域的动态发展变化。纵观各官方委员会的演进（图1—6），可见酝酿期主要是调整高校设置、校务、学术、学科以及与专业课程相关的委员会；探索期增加了与教学、厂校合作、经费、资格认证相关的委员会；创新期增加了与教材、咨询、评议相关的委员会；完善期增加了与学风、招生、评估和考试相关的委员会。各大官方委员会发挥着指导、协调和领导保障组织和相关个人的功能，反映了我国高等教育质量保障政策的发展变化，对此可以通过“从硬件到软件”、“从教学到社会服务”和“从输入到输出”三种变化趋势进行把握。

			评估
			招生
			学风
		评议	评议
		咨询	咨询
		教材	教材
	资格认证	资格认证	资格认证
	经费	经费	经费
	厂校合作	学位	学位
	教学	教学	教学
课程	课程	课程	课程
专业	专业	专业	专业
学科	学科	学科	学科
学术	学术	学术	学术
校务	校务	校务	校务
高校设置	高校设置	高校设置	高校设置
酝酿期	探索期	创新期	完善期

图1—6　各官方委员会演进图

（三）相关个人的演进

如图1—7所示，相关个人在酝酿期主要是指教师、学生、学校领导、各种专家；探索期增加了项目负责人，这个时期主要重点关注高校顶层设计，如学校领导的发展和学术带头人、骨干教师的培养；创新期增加教辅人员；完善期增加了社会行业人员。相关个人种类的增多，在一定程度上反映了利益主体的增多。

酝酿期	探索期	创新期	完善期
			行业人员
		教辅人员	教辅人员
	项目负责人	项目负责人	项目负责人
专家	专家	专家	专家
学校领导	学校领导	学校领导	学校领导
学生	学生	学生	学生
教师	教师	教师	教师

图1—7 相关个人演进图

唯物史观认为人民群众是历史的创造者。其中，相关个人中的“专家”作为一个个体，在受到我国政治、经济、文化和教育发展的规律制约下，固然不能决定和改变我国高等教育质量保障政策发展的总进程和方向，但他们凭借一定的社会条件影响保障政策发展的速度和进程，是会影响保障政策的制定和发展的。“专家”就是精通掌握某一学科知识或者在技艺上有高深造诣，并且能够公正、正确地判断或决策的一类人，这类人在特定领域有着高于公众的地位和权威[①]。“专家”在保障政策中体现出来的面貌和价值诉求是由所属的阶级和社会历史条件决定的，从图1—8相关个人演进图中可见，酝酿期有验收和评估专家；探索期增加了规划、评审、评价、教材编写专家；创新期增加了审核、论证、评议、管理、认证、审稿专家；完善期增加了咨询专家。显然，“专家”类型增多、职能内涵深化了。

① 徐文新：《专家、利益集团与公共参与》，《法律科学》（西北政法大学学报）2012年第3期。

酝酿期	探索期	创新期	完善期
			咨询专家
		审稿专家	审稿专家
		认证专家	认证专家
		管理专家	管理专家
		评议专家	评议专家
		论证专家	论证专家
		审核专家	审核专家
	教材编写专家	教材编写专家	教材编写专家
	评价专家	评价专家	评价专家
	评审专家	评审专家	评审专家
	规划专家	规划专家	规划专家
验收专家	验收专家	验收专家	验收专家
评估专家	评估专家	评估专家	评估专家

图 1—8 各种专家类型演进图

政府、官方委员会和各种专家作为高等教育质量保障活动完全参与主体，是高等教育质量保障直接的价值主体，与其他价值主体相比，在高等教育质量保障序列中处于最优的位置。虽然教育行政部门将权力进行了转移和下放，但是当前政府依然是高等教育质量保障的唯一合法主体。对高等院校来说，一方面政府组织的评估才是最具有权威和影响力的保障活动；另一方面，多评估机构的成立背景，是教育行政部门评估职权的让渡，实质上多数官方和半官方的评估机构本身就是教育部或地方教育行政部门的直属事业单位。

根据以上分析，随着中央政府和省级政府的简政放权，地区教育统筹权重心已经基本落在省级政府；保障组织类型增多，从主干组织向枝干组织发展；相关个人种类增多，利益主体的增多，“专家”类型增多、职能内涵深化。当前政府依然是高等教育质量保障的唯一合法主体。在高等院校看来，政府组织的评估才是最具有权威和影响力的保障活动。总而言之，我国高等教育质量保障政策的价值主体逐渐增多。

三　高等教育质量保障价值客体的演进

（一）保障目的的演进

酝酿期保障目的是优化布局，做好学校基础建设、建设学科和专业，调整高等学校、学科、专业的规模，以应用性高级专门人才为主，培养适应我国经济发展的各级各类人才；探索期保障目的是完善高校基础建设，调整高等学校的课程和专业规模，培养优秀师资，建设代表国家或地区或行业的重点大学和重点学科，主要培养高级专门人才；创新期保障目的是建设具有世界先进水平兼具中国特色的与高等教育配套的学科、专业、课程、教材体系，扶持中西部高等教育的发展，造就和凝聚国内外一流的师资队伍，增强高校在国家层面上的竞争力，培养具备学习能力、科技创新能力与服务能力的复合型人才；完善期保障目的是扩大教育开放，促进教育公平、振兴中西部高等教育，提高高校原创能力，建成一批国际知名、有中国特色、高水平的具有国际学术话语权和影响力的高校，产出国际高影响力的原始创新成果，显著增强高等教育国际竞争力，实现内涵式发展，坚定教育自信，为成为世界人力资源强国源源不断输入国际一流的学科领军人才和新型高端人才。显然，我国高等教育质量保障政策的保障目的在过去的三十余年中沿着两条线前进，一条是“满足国内发展需要”，另一条是“立足国内，适应国际发展需要”。

（二）保障对象的演进

酝酿期保障对象是基本办学条件、指导思想、路线、方针、学科、专业、课程、教师队伍和学生；探索期在酝酿期的基础上增加了教学经费、德育、学校领导、学风、体育美育、理论与技能和就业；创新期在探索期的基础上增加了管理队伍、毕业论文或毕业设计；完善期在创新期的基础上增加了社会资源和教学质量保障体系。显然，保障对象始终是在高校内部。[①] 结合我国高等

① 魏红、钟秉林、李奇等：《优化指标体系强化内部保障促进自主发展——新一轮本科教学评估基本问题探析（三）》，《中国高等教育》2009年第9期。

教育质量保障政策的文本内容，可以将高校内部五大要素分为战略保障、条件保障、过程保障、结果保障和机制保障；五大要素内在的对象便是保障的对象。如表1—6所示，酝酿期到完善期，保障对象的演进在下个时期都比上一时期复杂、精细，保障对象具有更加复杂化、精细化的特征。

表1—6　保障对象演进表

	酝酿期	探索期	创新期	完善期
战略保障	基本办学条件、指导思想、路线、方针	基本办学条件、指导思想、路线、方针、各类质量标准	基本办学条件、指导思想、路线、方针、专业建设目标、各类质量标准	基本办学条件、指导思想、路线、方针、专业建设目标、各类质量标准
条件保障	经费、教学设施、师资队伍	经费、教学设施、师资队伍、课程资源	经费、教学设施、师资队伍、课程资源、专业建设、教材、生源	经费、教学设施、师资队伍、课程资源、专业建设、教材、生源、社会资源
过程保障	教学方法、实习实训	教学方法、实验教学、社会实践、学风建设	教学方法、实验教学、社会实践、学风建设、校园文化、活动竞赛	教学方法、实验教学、社会实践、学风建设、校园文化、活动竞赛
成果保障	德智体美全面教育、毕业成果	德智体美全面教育、毕业成果、就业	德智体美全面教育、毕业成果、就业、校外评价、校内评价	德智体美全面教育、毕业成果、就业、校外评价、校内评价

续表

	酝酿期	探索期	创新期	完善期
机制保障	质量标准	质量标准、质量监控	质量标准、质量监控、管理队伍	质量标准、质量监控、管理队伍、基本状态数据库

（三）保障理念的演进

酝酿期强调高等教育质量保障要从高校实际出发，将高校放在全国层面统筹规划，树立将人才培养的数量和质量作为衡量学校工作的标准，坚持“三个面向”；探索期提出科教兴国战略，发挥规模效益，高校从实际出发制定相应目标，国家分类指导；创新期在评估工作中贯彻“以评促改，以评促建，以评促管，评建结合，重在建设”原则，以评估及其结果加强国家对高等教育优先发展的重视，重视人才培养工作，强调教学中心地位，充分利用现代教育技术保障高等教育质量；完善期强调强化高等学校质量保障的主体意识，完善校内自我评估制度，鼓励开展行业用人部门深度参与的专业认证及评估，充分利用信息技术，实现教学质量常态化监控。保障理念一直非常强调坚持从国家和地区层面统筹规划、尊重教育工作规律、从高校实际出发，因地制宜、灵活多样的原则，强化高校质量保障的主体意识，健全完善保障体系。

（四）保障内容的演进

国家层面，酝酿期保障内容有简政放权，改革办学体制，控制专业布点，制定高校设置标准、建设师资队伍，遴选重点发展高校和学科，对工程院校开展验收工作，推进教育立法；探索期继续简政放权，扩大高校办学自主权，开展“211 工程”项目、“高层次创造性人才工程”；创新期保障内容有对口支援西部高校、教育信息化工程、二期“211 工程”、“质量工程”；完善期保障内容有优质资源开发与应用、依法治教、中西部高等教育、卓越计划、“2011 计划”、招生制度，还强调建立教学基本状态数据常态监控、学校自我评估、实现分类的院校评估、开展专业认证及评估、探索国际评估。高等教育质量保障政策坚持以教学为中心，以评估和认证方法展开质量保障活动。高校层面，酝酿期保障内容有校长负责制，明确学校发展的指导思想和路线方针，优化校内层级结构，根据高校设置条例查漏补缺，开展图书馆、实验室、实习基地等基础建设，建设师资队伍，改革教学方法，更新教学内容；探索期保障内容有更新物质条件，厂校合作，培养各学科各专业的学术带头人，课堂教学，加大教学实践力度；创新期保障内容有更新办学指导思想、教学设施，加大教学经费投入，编写适用教材，加强学历文凭和学位证书的管理；完善期保障内容在创新基础上增加教育资源共享，教材编写，在人才培养过程中充分利用社会资源和健全教学质量保障体系。可见不管国家层面还是高校层面，简政放权和扩大高校办学自主权是主旋律，也成为高校内部改革深化和高等教育质量保障活动“百花齐放”的一股强大的外部推动力。

（五）保障方法的演进

酝酿期保障方法是改革高校学科、专业、课程，推进校际合作和学校内部的跨学科研究，提倡联合办学，发展应用学科，调减基础学科，重视教学实践，加强教学、科研和生产，制定合格评估、水平评估的选优评估的方案，对工程院校开展评估和验收工作；探索期保障方法有编写适应时代的教材，更新教学内容、教学方法；创新期除了创业教育，使用英语教学，推进高校实验教学内容、方法、队伍、管理及实验教学模式，进行各种实践活动，修订各专业培养方案；提倡教授上讲台，强调教学活动和教育培训要与生产实践、社会服务紧密结合，还提出对不同层次、类型的高校教学质量监测实施分类指导；完善期保障方法提出建设开放共享的大学生实验实践教学平台，抢占原始创新战略制高点，培养创新人才注重学思结合和知行统一的思维，依法行政，依法治校，坚持科教融合、开放协同，构建科研组织新机制，建设追求卓越，营造崇尚创新的文化氛围。四个时期都是通过确定或调整地区与高校的统筹、学科和专业相关方面的调控开展保障活动。

（六）保障经费的演进

酝酿期保障经费强调政府教育拨款的增长要高于财政经常性收入的增长，经费由中央地方财政和有关部门支出稳定的补助为主、校企补贴等多渠道筹措解决，经费安排上，学校可自行安排，主要是更新和充实学校土地、校舍、实验室、图书馆、教学用具和生产实习基地等办学物质条件；探索期增长经费拨款，以高校所在省级政府拨款为主，收取学杂费，还通过校企收入、社会捐资和教育基金筹措经费，对不同层次和科类高校，使用不同的拨款标准和拨款方法，“211工程”高校设置专项经费，用于改善办学条件，建设实验室和实习基地，补充薄弱硬件模块；创新期提出多渠道筹集资金，提高生均标准，充分发挥教育拨款在宏观调控中的作用，提高使用效益，建立健全经费管理体系；完善期保障经费提出明晰中央和地方的财政支出责任，管理科学化、精细化，精简使用考核评估，提高生均拨款基本标准。

根据以上分析，我国高等教育质量保障政策中的保障目的沿着两条线前进，一条是满足国内发展需要，另一条是立足国内适应国际发展需要；保障对象呈现复杂化、精细化；保障理念坚持从国家和地区层面统筹规划、从高校实际出发，因地制宜、灵活多样，强化高校质量保障的主体意识，健全完善保障体系；保障内容的主旋律是简政放权和扩大高校办学自主权；保障方法是通过确定或调整地区和高校的统筹、学科和专业相关方面的调控开展保障活动；保障经费管理科学化、精细化。总而言之，我国高等教育质量保障政策的价值客体逐渐复杂化。

四　高等教育质量保障价值关系的演进

（一）权力分配关系的演进

高等教育质量保障政策中的权力分配关系方面，主要涉及保障机构之间、保障机构与保障组织之间的权力控制问题。在高等教育质量保障政策的施行过程中，保障机构主要是中央政府和省级政府为主，保障组织以高校为主，现主要分析中央政府、省级政府和高校之间的权力分配问题。

首次提出简政放权，扩大学校的办学自主权，是在1985年，主要是中央向地方放权，政府向高校放权。从探索期、创新期到完善期，每一个时期都在强调政府简政放权和扩大高校办学自主权，致力于构建政府、学校、社会之间新型关系，明晰边界，形成决策、执行、监督相互协调、相互制约的教育治理结构。现状是政府主要运用立法、拨款、规划、评估、信息服务、政策指导、执法监督和必要的行政手段对教育进行宏观管理，高校在开展教学活动，科学研究，技术开发和社会服务，设置和调整学科、专业，制订学校规划并组织实施，机构设置，确定内部收入分配，招生，管理和使用人才，管理和使用学校财产和经费，扩大国际交流和合作等方面都具有了相当的自主权。

简政放权和办学自主权的变更，体现的是政府、高校和市场的权力再分配，市场的介入改变了教育领域中原有的社会关系以及由此产生的利益关系和利益机制，体现的是教育的自由交易关系，是一种私法自治的精神，这就在高校、教师和大学生之间形成了一种全新的权利与义务关系：作为消费者，有权选择学校、教育内容和就业岗位；作为校方，有义务按照国家的标准和高校对学习者的要求提供个性化的教育服务。课程和学历以有偿服务的方式向有社会需求的方向统一起来，使得高校专注于提供学业成绩、学历证书和热门专业等具有商品价值和社会发展的教育产品。

（二）权利分配关系的演进

高等教育质量保障政策中的权利分配方面，主要是涉及保障组织之间的权利问题。在高等教育质量保障政策的施行过程中，保障组织主要是各类高校，现主要分析高校与高校之间的权利分配问题。

扩大高校的办学自主权，意味着政府向高校放权。根据本章第二节保障客体中的第一项保障目演进的分析，可知我国高等教育质量保障政策中的保障目的在过去的三十余年中沿着两条线前进，一条是“满足国内发展需要”，另一条是“立足国内，适应国际发展需要”。国家为适应国内和国外经济发展，需要一部分高校强起来，带动后来的高校强大。而高校差别化发展直接导致高校之间权利存在差异。这些项目有“211 工程”、“985 工程”和“双一流”建设。“211 工程”高校在探索期可以根据学校需要申请自主招生等权限，这类国家重点发展的高校，相比普通高校，在时间上更早，自主权限上更广。

（三）资源配置关系的演进

高等教育质量保障政策中的资源配置关系方面，主要是涉及保障机构、保障组织和相关个人在保障活动中控制资源配置形成的关系，保障活动涉及的资源主要是教育经费，现在主要分析教育经费的来源和使用问题。

根据本章第二节保障客体中的第六项保障经费演进的分析可知，酝酿期经费由中央地方财政和有关部门支出稳定的补助为主、校企补贴等多渠道筹措解决，经费安排上，学校可自行安排；探索期以高校所在省级政府拨款为主，收取学杂费，还通过校企收入、社会捐资和教育基金筹措经费，对不同层次和科类高校，使用不同的拨款标准和拨款方法，“211工程”高校设置专项经费；创新期提出多渠道筹集资金，充分发挥教育拨款在宏观调控中的作用；完善期保障经费提出明晰中央和地方的财政支出责任，管理科学化、精细化，提高生均拨款基本标准。四个时期中，教育经费由投入渠道单一向多种渠道筹措转变，以中央政府、省级政府和高等学校为主向各级政府、企事业单位、社会力量共同投入的方式转变，经费管理体制科学化、精细化。所以，资源来源的渠道显示多样化，在以政府为主的保障机构内部，中央政府的财政支出责任变更为地方政府的责任，重点发展高校比普通高校拥有更多资源，在重点发展高校就读的学生也能相应享有更多资源。

第四节　高等教育质量保障政策的价值选择

一　高等教育质量保障政策的价值冲突

任何一个领域政策文本的价值追求都不是单一的，而是同时具备着多元化的价值，这种多元价值的存在就使得政策在实践中出现价值之间的冲突，对于如何协调价值冲突与如何进行价值选择就成为政策实施过程中不得不解决的一个重要问题。这一问题对于我国高等教育质量保障政策而言尤为明显，接下来本节将对高等教育质量保障政策的价值冲突与价值选择进行分析与探讨。目前，高等教育质量保障政策最根本的价值冲突是效率与公平的冲突，本节将对这项最基本的价值冲突进行分析与探讨。

（一）功利主义的价值标准与缺陷

功利主义于18世纪末被英国哲学家边沁等提出，19世纪末亨利·西奇威克（Henry Sidgwick）发展了功利主义，认为其来自对“常识”的道德系统的反省。20世纪开始，功利主义因其便于操作，在法律、政治学、经济学等方面常被应用为权力运行的价值判断标准而对社会产生甚为广泛的影响。功利主义认为政策的落脚点应该是通过安排有限的资源使价值主体的效用总和最大化，就个人而言应尽可能推进个人福利。我国坚持以经济建设为中心，便是政治经济上功利主义价值取向的表现。“发展应用学科”和“严格控制设立长线专业”等高等教育政策也使得高等教育功利化。在高等教育质量保障活动中，高校及其领导为实现声誉、达到政绩，将高校资源向迎合市场、就业率高的应用学科倾斜，基础学科任其自由生长。受教育者被动成为教育功利化的工具和牺牲品。

但是在高等教育领域，功利主义造成高等教育职能狭隘化，功利主义价值标准的缺点容易导致几种问题：一是使人们急功近利，一叶障目，只看到短期利益，看不到长期利益；二是只重视应用学科建设，轻视基础学科、长线学科的发展；三是重视学生“片面教育”忽视学生“全面发展”；四是一味追求资源配置的效率，忽视教育公平。功利主义价值取向秉持教育唯一的职能就是促进经济的发展。在保障活动中，这种价值取向认为“多给重点学校这几棵果树施肥，把树培育好”远远胜于“给林子里每棵果树除草施肥”。此种价值取向的教育政策能在较快时间内取得丰硕的果实，但是这种果实是以牺牲大多数被教育者的利益为代价的。在制度很难补偿极度不公平的保障政策的时候，难免产生教育危机。

（二）理想主义的价值标准与缺陷

理想主义起源于古希腊时代，两千多年前的柏拉图认为希腊城邦应有正义而完满的制度，构建了最早的“乌托邦”，希望通过描绘“正义或自由”概念，建构绝对意义上的理想社群，意欲展示“正义或自由”的根本性质。理想主义认为最美好的社会，是美好、人人平等、没有压迫，像世外桃源般的空想社会。理想主义发展出“自由主义”和“理性主义”。

自由教育如同“头脑控制身体”，是等级社会中少数上层社会的特权教育。理性主义者艾德勒认为，自由教育的目标，对于一切人在任何时间和任何地点，都是相同的[①]。赫钦斯曾说“教育意味着教学。教学意味着知识，知识就是真理。真理是任何地方都相同的”。在一定程度上，“理想主义”、“自由教育”和“理性主义”都是一种彻底的观点。

教育本应是具有公益性质的长线事业，所谓“十年树木，百年树人”。理想主义价值标准的缺点容易导致三种问题：一是高等教育不指向公共利益，其价值选择仅限于政策制定者及其所代表的利益集团的利益；二是保障目标和理念没有从现实出发，过于理想化；三是导致绝对平均主义。

理想主义价值取向秉持公平是政策的唯一标准的观点。在保障活动中，这种价值取向认为“不管蛋糕大小如何，都应该平均分配”，这是类似人权平等的思想。此种价值取向的教育政策适用于长期规划发展，但是这种“平均分配”可能导致“全面平庸”，教育对社会发展，特别是对经济发展，毫无促进作用，从而导致教育外部力量对高等教育内部进行改革以适应和协助外部发展，显然这种取向也会使得教育陷入危机。

保障政策在制定的过程中面临价值标准的选择，追求教育资源配置的效率还是“平均主义”的公平，往往都有其固有缺陷。政策的目标是价值选择过程的开端，反映政策满足主体的超前需要；政策的手段是实现目标的工具，离开手段，目标就无从实现；政策的结果是价值选择的终端，也就是选择何种价值作为政策的评价标准[②]。在利益多元化的社会中，价值追求必然也表现为多元的形态。为了使公共政策真正具有公共性，就必须对不同的价值取向进行必要的整合，确定公共政策的优势价值标准是整合不同价值观的重要手段。所谓优势价值标准是指能代表占大多数人的利益群体的利益并兼顾其他利益群体利益，或虽不能兼

① ［美］约翰·S. 布鲁贝克：《高等教育哲学》，王承绪等译，浙江教育出版社2002年版，第82页。

② 刘晖、李晶：《省域高水平大学建设政策：历史演进与价值选择》，《高等教育研究》2017年第3期。

顾，但尽量减少这些利益群体的损失，因而能被社会各个方面所接受的价值标准。[①] 在保障政策制定过程中无法做出艰难抉择，价值选择常常在其实施过程中因存在矛盾而被弱化。

显而易见，公平和效益两者优先水平无所谓孰优孰劣，偏执于哪种观点都难免陷入危机，不能持续科学发展，且二者同时都是保障政策的目标。马克思主义认为，人类的实践活动具有两种尺度，即内在尺度和外在尺度[②]。在教育政策活动中，人们从自身的内在尺度出发，评价教育政策的价值选择是否符合自己的目的，是否满足了自己的需要，决定着是否肯定、支持、服从或者否定、反对、抵制某种政策的价值选择。[③] 从我国高等教育质量保障政策的活动实践来看，我们坚持“效率优先、兼顾公平”的原则，换言之即以功利主义为主，辅之以公平的制度进行补偿。高等教育质量保障政策显示的一对基本矛盾是选择精英教育还是大众化教育。在高等教育大规模招生时，“重点发展高校”政策从隐性走向显性。

促进效率意味着高等教育质量保障政策要鼓励高等学校通过各种形式积极开展竞争、不断扩大高等学校规模和发展，促进公共资源的配置与优化，重视应用学科建设，轻视基础学科、长线学科的发展；而保护公平的价值追求必然要求高等教育质量保障政策在其具体的制定和实施中充分考虑公平这一因素，要求质量保障实践活动具有公平性，尤其是对于质量保障活动的结果公平尤为强调，进而要求质量保障政策在制定过程也要具有公平性。但是在实际质量保障活动中，并不是所有的质量保障行为都具有公平性，尤其是一些由于历史原因或地理因素具备相当优势的高等学校对于另一些内陆高等学校和考生，是不具备公平性的，由此就产生了鼓励效率和保护公平这一价值冲突。在高等教育质量保障政策的制定和实施活动中，都存在效率和公平这个基本价值冲突，有时候不可兼得，且互相之间是存在一定的冲突的。

---

① 劳凯声、刘复兴：《论教育政策的价值基础》，《北京师范大学学报》（人文社会科学版）2000 年第 6 期。

② 袁贵仁：《价值学引论》，北京师范大学出版社 1991 年版，第 173 页。

③ 刘复兴：《教育政策价值分析的三维模式》，《教育研究》2002 第 4 期。

二　高等教育质量保障政策的利益冲突

从高等教育质量保障政策的文本中，可以看出存在各方面的利益冲突，这些冲突主要体现在高等教育质量保障政策的价值主体之间的利益冲突，而这些利益冲突正是这些政策价值冲突的切实表现，具体表现为：一是资源集中与公平竞争之间的冲突；二是经济效率与结果正义的价值冲突；三是自由竞争与市场秩序的价值冲突。本节将对高等教育质量保障政策的利益冲突及其所反映出来的价值冲突两个方面进行深入的分析。

高等教育质量保障政策颁布至今已有三十余年，对社会各个层面产生了及其重要的影响，同时也暴露了价值主体之间的利益冲突，这些利益冲突制约了高等教育质量保障政策发挥其应有的作用。价值主体之间的利益冲突有中央政府与地方政府之间的利益冲突、政府与高等学校之间的利益冲突和重点发展高等学校与普通高等学校之间的利益冲突。虽然高等教育质量保障政策的多元化价值目标的确定是根据我国国情需要而定的，但在高等教育质量保障政策的具体实施过程中却暴露出这些不同的价值目标在不同程度上是存在利益冲突的，不是完全统一的。如“211工程”、“985工程”和“双一流”建设，进入这些工程的高校评判标准属于竞争的结果，在评优过程中也没有使用不恰当手段，应当符合高等教育质量保障政策维护秩序和提升质量的价值目的，但是一旦评选结果出来，可能损害其他高校和学生的利益，违背了保护实质公平的价值目标，进而产生了维护秩序与保护实质公平的价值目标冲突。可见，我国高等教育质量保障政策存在着多元价值目标的冲突，正是由于这些价值冲突的存在，就会直接导致一定的利益冲突。因为不同的价值目标在其具体的实践活动过程中通过不同的主体和手段去实现，而这些主体为了实现其各自的价值目标，就有可能在高等教育质量保障政策的实施过程中与不同的主体通过不同的手段产生多元化的利益冲突。

我国高等教育质量保障政策暴露了许多的利益冲突，这些利益冲突正是高等教育质量保障政策的价值冲突的体现，我国高等教育质量保障政策的利益冲突所反映出的价值冲突主要有资源集中与公平竞争之间的冲突、经济效率与结果正义的价值冲突、自由竞争与秩序的价值冲突。

三　高等教育质量保障政策价值选择相关属性

（一）内涵及其意义

1. 高等教育质量保障政策的价值内涵

价值原本属于哲学和商品经济学的概念和专业术语，是反映某种事物功能、动机和目标的一种概念。其普遍意义可以解释为：价值是客体相对于主体存在的意义，是反映一定主客体之间的满足与需求关系的名词。根据价值在哲学、商品经济学和其普遍意义的推论，任何事物都存在着一定的价值，没有价值也就没有存在的必要，即存在具有价值。教育政策是某一历史时期政府或政党为了实现某一价值而制定的在全国范围内具有普遍规范和指导意义的有关教育的总任务、总方针的总和。对于政策而言，每一份政策都有其价值，且每一份政策都帮助价值主体维护其价值。具体到每一份政策，其价值就体现在维护和促进高等教育某一层面的发展，这种发展势必是切合价值主体的需要的。引入价值概念到政策中，政策就存在着价值，有着其独特的内涵，从普遍意义上来讲，政策的价值内涵可以总结为两个方面的内容：一是政策存在的价值，即维护价值主体的地位，二是政策所追求的一种目标和要起到的一种效益，同时所有的政策都追求一种包含秩序、自由、正义和效率的价值。

1985 年至 2017 年颁布实施的高等教育保障政策具备一般政策追求秩序、自由、正义和效率的核心价值选择，除此之外，也具有自身的特殊性，因为是教育领域的政策，其内容是专门针对高等教育质量保障实践活动的，应当具有教育领域质量保障的独特价值。但是目前对于高等教育质量保障政策价值选择并没有统一的意见，学者们有着不同的看法。综合起来看，目前对于高等教育质量保障政策价值选择的内涵主要分为“促进效率派”和“保护公平派”两种观点。“促进效率派”的支持者认为 21 世纪的战争是人才的抢夺战，只有本国培养和拥有更多世界一流人才，才能把握主动权，因此“促进效率”应当成为高等教育质量保障政策价值选择的独特基本内涵。“保护公平派”的观点充分认识到高等教育质量保障政策对于促进效率的积极作用，但从本质上来讲，高等教育质量保障政策应当维护的是价值主体所创造或者认同的一种竞争的高效率秩序，所以高等教育质量保障政策价值选择的内涵的主要内容应当是保护公平。然而“效率派”的学者认为应当把高等教育质量保障政策的实践活动回归到效率价值上，其本质是通过促进效率从而提升公平的起点，所以高等教育质量保障政策的价值选择的本质应当是体现效率价值。这种观点将高等教育质量保障政策价值选择归结为一种经济效率，但是经济效率却只是经济秩序的逻辑起点，并不能全面反映高等教育质量保障政策价值选择的内涵。综上，本书认为高等教育质量保障政策价值选择的内涵应该是通过规范促进效率的行为来调整质量保障各个主体之间的关系，建设好一种高等教育质量保障认同的保障秩序，这种规范的秩序才应该是高等教育质量保障政策的价值选择。

2. 高等教育质量保障政策价值选择的意义

黑格尔辩证思想里面有一个重要的观点“凡是存在都是合理的”，这个观点道出了世间万物都有存在的意义，高等教育质量保障政策的价值选择也是如此，其存在也同样具有重要意义。首先，我国高等教育质量保障政策的价值选择体现了政府对于保障实践活动效率和公平行为的主张，通过高等教育质量保障政策的价值选择可以充分体现国家对于高等教育质量保障秩序的意志，确立对于质量保障秩序的基本看法和观点；其次，高等教育质量保障政策可以有助于建立一个合理的竞争秩序，有利于高等学校之间的生存和发展，从而促进整个社会的发展，同时，高等教育质量保障政策的价值选择还有利于树立公平与效率的理念，可以维护价值主体的合法利益；最后，通过高等教育质量保障政策的价值选择可以建立一种有序的环境，其具体的价值选择可以有效协调和解决各种矛盾和利益冲突，从而促进后续高等教育质量保障政策的贯彻落实。

（二）价值选择的特征

1. 价值选择具有多元性特征

我国对于每一份政策的制定都存在着这样一个常态，那就是我国的每一份政策都有一条目的性的条款，而这个条款通常就是对该份政策的概括性规定。虽然在目的性内容中并无明晰的关于该份政策的价值目标的字样，而往往这个目的性内容就是该份政策价值目标的具体表现形式，要了解一份政策的制定价值目标，通常通过对其目的性条款进行分析就能够得出准确的结论。纵观高等教育质量保障政策的具体目的性条款，可以明显看出其价值选择具有明显的多元性特征，也就说明高等教育质量保障政策的价值选择并非单一的，而是多个价值并存的。一般而言，高等教育质量保障政策的价值选择包括政治和非政治两个方面的选择。首先，在政治层面而言，高等教育质量保障政策的价值选择必然是改善政府与高校关系和满足国家与地区的发展需求，以实现社会的整体效益、追求实质的公平；在非政治层面上，高等教育质量保障政策的价值选择主要包括以人为本，满足人民的多元教育需求和保护价值主体的权益不受侵害。高等教育质量保障政策的价值目标不是单一的，而是具有多元性的特征，其具体价值目标应当包括三个方面：一是预防和制止过度追求效率行为，保护社会的公平；二是提升教育运行效率；三是保护价值主体利益和社会公共利益。其价值目标也可以总结为维护秩序、提升教育效率、保护实质公平。

2. 价值选择具有顺序性特征

高等教育质量保障政策的价值选择存在的另一个重要特点，就是其对于多个价值的选择有明显的顺序性，但又不是严格按照其顺序去判断高等教育质量保障政策的实施，而是在具体实施中对各个不同顺序次级的价值选择进行适当的兼顾。高等教育质量保障政策价值选择的顺序性特点是由于其多元化特征所决定的。当高等教育质量保障政策有着多个价值取向时，在其制定过程中就必然会形成对于不同价值取向的优先级区分，因为在政策文本的表述中以及对政策的具体实施依据进行选择时也会有一个顺序问题，不可能将多个价值目标放在同一个位置上。对于我国高等教育质量保障政策来说，这个特点尤为明显，根据政策文本内容，可以看出高等教育质量保障政策在价值选择上具有明显的顺序性，其优先级是依次递减的。虽然高等教育质量保障政策的价值选择具有明显的顺序性特点，但又不是完全的依据顺序对其价值进行选择，在具体的实施过程中面临多个价值相冲突的时候，并不是一味按照其顺序进行选择，而是根据实际情况对不相同的价值选择有着一定的兼顾性。

3. 价值选择具有历史性和动态性的特征

马克思主义哲学理论中的一个重要观点就是“任何事物都是发展变化的”，对于高等教育质量保障政策的价值选择而言，这个理论同样适用，也就是说高等教育质量保障政策的价值选择不是固定不变的，而是随着社会发展的变化而变化，因此而表现出明显的历史性和动态性特征。从1985年以来，高等教育质量保障政策的价值选择经历了不同程度的变化和调整，且每次的调整都是以当时政治和经济社会的发展变化为依据进行的。正是这种变化使得高等教育质量保障政策的价值选择在每一个时期表现出来的形式具有不同性，并非静态的，而是动态变化的过程，因而具有了其历史性特征。

四　高等教育质量保障政策的实然价值选择

（一）酝酿期的实然价值选择

1985年之后我国出台了控制高教发展规模的政策，在这种制度安排下，高等学校的办学主体是国家及教育行政部门，高等教育质量政策主体单一，为政府这一强势主体所垄断，难以形成一支独立的力量来影响高等教育质量保障政策的变迁。所以，这一时期的高等教育质量保障政策相对稳定。1986年当时的国家教委主任（教育部长）就宣布控制规模，不再新建学校。这一政策一直延续到1999年，1987之后的十几年，我国普通高校一直“稳定”在1075所左右，1994年最高为1080所。教育部原副部长周远清在1996年时就说过，我们的高等教育到2000年高校数目要控制在1000所左右。《九五计划和2010年远景目标纲要》提出“适度发展高等教育”，十五大报告改为“稳步发展高等教育”。

1985年5月，中共中央提出“教育必须为社会主义建设服务，社会主义建设必须依靠教育”。教育必须“面向现代化、面向世界、面向未来，为90年代至下世纪初叶我国经济和社会的发展提供各级各类合格人才，大规模地准备新的能够坚持社会主义方向的各级各类人才”。

“经济和社会的发展”体现出了经济价值取向。

随着高等教育自主办学权的扩大，政府加强了对高校教学质量的评估，对于高校办学质量责任的考察也逐渐规范化、制度化。一方面，从教学质量评估发展到对学术水平、学科发展、学校后勤、实验室管理的评估，高等教育评估种类增多；另一方面，全国高等教育评估学术研讨会在全国最高教育行政领导机构的组织下召开，专家学者们会聚交流学习国外优秀评估经验，研讨高等教育评估实践中可能出现的问题以及应对方法。社会发展需要多出人才，出好人才，好人才就需要高等学校培养优质人才的保障制度，教育体制改革由此拉开了高等教育质量保障的正规化、常规化的序幕。

1985 年教育部召开了第一次全国性的教育评估研讨会，标志着我国教育评估研究和实践真正开始起步了。“高等工程教育评估问题专题讨论会”决定开展以高等工程学科教育评估为重点的研究和试点实践活动。教育部对建立高等工程教育评估制度提出了要求：“在我国建立高等工程教育评估制度，是教育体制改革的必然要求，是在扩大高等学校办学自主权的新形势下，加强对高等教育宏观指导和管理的重要手段。教育评估的主要目的和作用是客观地、科学地评价高等工业学校的办学水平，保障高等工程教育的基本质量，重点支持办学成绩卓著的学校，整顿办得不好的学校，用以指导和推动高等工程教育的改革、发展和提高，使高等工程教育更好地为社会主义现代化建设服务。”①

1986 年 3 月 8 日，国务院发布通知指出，国家教委、国务院有关部门、省、自治区、直辖市人民政府的主要职责是按照国家教育委员会的统一部署，会同有关省、自治区、直辖市对高等学校对口专业的教育质量组织评估。这就为政府对高校办学质量责任进行考察与评判奠定了基础。质量是高等教育的生命线，文化是贯穿于这一生命线的灵魂和血脉。在“文化强教”战略下，教育质量保障的关键在于质量文化的建

---

① 国家教委：《关于开展高等工程教育评估研究和试点工作的通知》，《中国电力教育》1985 年第 2 期。

设。各高校也积极开展高等教育评估学习。[①]

1986年发布的《普通高等学校设置暂行条例》，从管理人员、教师、校园条件、图书资料、办学经费等方面规定了高校的设置标准，并规定了高校审批验收的程序。1990年国家教育委员会（现教育部）颁布了我国第一个关于高等教育评估的行政法规性文件《普通高等学校教育评估暂行规定》（以下简称《规定》），明确提出了评估的目的、基本任务、组织和程序，把我国高等教育质量评估分为合格评估、水平评估、选优评估和学校内部评估。从1990年开始，高等教育评估制度开始规范化。

1992年国务院批准的《国家教委关于加快和积极发展高等教育的意见》进一步强调“积极开展教学研究和教学评估，建立高等学校宏观管理和指导机制”。1993年2月，中共中央印发了有关高等教育的纲领性文件，提出“建立各级各类教育的质量标准和评估指标体系。各地教育部门要把检查评估学校教育质量作为一项经常性的任务”，“对职业技术教育和高等教育，要采取领导、专家和社会用人部门相结合的办法，通过多种形式进行质量评估和检查”。同时，全国开展了一系列的评估活动，这些活动对我国高等教育办学水平和教育质量的提高发挥了积极影响，促进了高等教育的改革与发展。1998年教育部印发文件指出，高等学校教学工作评价是高等教育教学建设和改革的重要组成部分。评价工作自始至以要贯彻“以评促建、以评促改、评建结合、重在建设”的原则。其中，1998年颁布的《高等教育法》标志着我国高等教育评估制度建设有了法制保障，该法指出“高等学校的办学水平、教育质量，接受教育行政部门的监督和由其组织的评估”，为高等教育评估制度提供了坚实的法律依据。这个阶段高等教育发展的一个挑战是，如何适度扩大高等教育的规模，同时提高教育质量，突显办学特色，培养能适应社会需求的复合型人才。

根据以上分析，我国高等教育质量保障政策在酝酿期的主流价值选

---

① 安心、张鹏：《构建内生型和外发内生型高等教育质量文化》，《中国高等教育》2012年第12期。

择是以权威性工具为主的政治性价值取向。

（二）探索期的实然价值选择

1993年中共中央、国务院颁布的《中国教育改革和发展纲要》提出，“教育改革和发展的根本目的是提高民族素质，多出人才，出好人才”“高等学校为适应经济、科技和社会发展的需求培养专门人才”“为社会主义现代化建设服务”。这些政策目标都表明，高等教育为经济建设服务，体现了高等教育质量保障政策的经济价值取向。

高等教育发展的核心问题是质量，高等教育质量的一个重要保障是国家发布的高等教育相关政策。国家教育委员会从1995年起分期分批对普通高等学校进行本科教学工作评价。1998年出台了《关于进一步做好普通高等学校本科教学工作评价的若干意见》，指出评价工作由教育部高等教育司组织专家实施，同时吸收社会力量参与。这一时期，评估体系中有更多的外部监督者被容纳进来，增加了参与者政治和意识形态观念的多样性。

20世纪90年代末，我国高等教育的改革和发展进入了前所未有的快速发展时期，1999年，国家提出了通过各种形式积极发展高等教育的“扩招”政策，终止了1996年和1997年制定的“控制规模”和“适度发展高等教育”的理论、决策和“远景目标规划（至2010年）”，改变了千万人的命运，对中国实现现代化的进程和模式、对中国社会的从业结构、城市化模式和进程及人口素质的提高产生了无与伦比的深远影响。它符合政府、高校、社会的需求，所以政策的变迁显得顺理成章。但是，招生规模的扩大，势必影响高等教育的质量，也为高等教育质量保障政策的全面出台奠定了基础。在高等教育规模迅速扩大的同时，高等教育的教学质量受到了影响，高等教育也迎来了它的发展与挑战时期，主要表现在学生数量增加，导致教学资源不足；录取数量增加，导致生源质量下降。高校学生数量不增加，谈不上发展，但仅仅是数量的增长，高教也无法全面、健康、可持续发展。《2003—2007年教育振兴行动计划》中，强调“巩固、深化、提高、发展”。随后，教育部成立了高等教育教学评估中心，开展了实施“质量工程”等一系列重大教育教学改革工程。“质量工程”提出建立教学工作定期评估制度，全面开展对高校的教学评估。同时，一些事业性的评估机构也开展了一系列的教育评估活动，这些评估机构有辽宁省教育评估事务所（1999）、广东省教育发展研究与发展中心（2000）等。

根据以上分析，我国高等教育质量保障政策在探索期的主流价值选择还是经济价值、效益优先、兼顾质量的以竞争性工具为主的经济价值取向。

（三）创新期的实然价值选择

我国的本科教学评估基本上是在教育部的主持下进行的，教育部高等教育教学评估中也直接对各高等教育机构进行评价，教育部2001年8月28日发文提出“教育部拟将进一步修改和完善高等学校本科教学评估指标体系，适时分类对不同高校开展本科教学工作的评估、检查”，并建议社会评估机构对高等学校人才培养质量进行评价。

2002年6月，教育部在总结近9年来本科教学评估经验的基础上，把本科教学工作的合格评估、选优评估和随机评估三种方案合并为本科教学工作水平评估，制订了《普通高等学校本科教学工作水平评估方案（试行）》。评估方案的指标体系包括指导思想、师资队伍、教学条件与利用、教学建设与改革、教学管理、学风、教学效果以及特色项目等8个“一级指标”、18个“二级指标”和38个“观测点”。对国家重点建设大学，增加了部分观测点。2003年，教育部制订了《2003—2007年教育振兴行动计划》，提出为提高高等教育质量，决定试行“高等学校教学质量与教学改革工程”（简称“质量工程”），正式提出了以5年为一周期的全国高等学校教学质量评估制度，提出了加强高等学校教学质量评估信息建设，为高等学校通过评估手段促进高等教育教学质量提高提供了制度保证。

2003年11月，教育部办公厅《关于对全国592所普通高等学校进行本科教学工作水平评估的通知》指出，为进一步加强对高等教育教学工作的宏观管理与指导，努力提高人才培养质量，提升我国高等教育的综合实力和国际竞争力，教育部决定从2003年开始，用5年时间，对592所普通高校进行评估。2004年8月，教育部成立了教育教学评估中心，评估中心的成立带动了各省市和高校评估组织机构建设，促进了社会中介评估组织健康发展，标志着高等教育质量保障体系工作已经迈出了关键一步。到2005年年底，已经评估了171所本科院校，其中93所获得优秀，66所获得良好，2所获得合格。2006年教育部开始对中国人民大学等139所普通高等学校进行本科教学工作水平评估，2007年及2008年上半年对北京大学、清华大学等283所高等学校进行本科教学评估，考虑到有些高等学校新校区建设或新的教学设施建设仍在进行中，原定于2007年年底完成评估计划的首轮评估，推迟到2008年上半年结束。

2007年，《高等学校本科教学质量与教学改革工程》实施，提出了高校本科教学工作评估的十六字方针，“以评促建，以评促改，评建结合，重在建设”，十六字方针也成为教育部评估小组对高校和高校评估时的指导原则，成为高校研究制定评估细则，发挥优势，办出水平，办出特色的指导方针。同年，为了建立保证提高教学质量的长效机制，进一步加强高等学校教学评估工作，教育部又出台了《关于进一步深化本科教学改革全面提高教学质量的若干意见》，教学评估的结果作为衡量高等学校办学水平的重要指标，目的是要提高教学质量，理顺高等学校在发展中存在的盲目求大而弱化质量的现象。各高等学校要进一步加强教学质量监控，形成多元参与、多元评价的考核监督机制，进一步提高高等学校内部与外部相结合的质量保障与评价机制，加强对人才培养过程的管理；完善学校、二级学院、教师的三级质量保障机制，逐步建立保证教学质量不断提高的长效机制。2011年3月16日，教育部又明确指出：“加强分类评估、分类指导，坚持管办分离的原则，建立以高校自我评估为基础，以教学基本状态监测、院校评估、专业认证及评估、国际评估为主要内容，政府、学校、专门机构和社会多元评价相结合的教学评估制度。”为贯彻落实教育部2013年工作要点中提出的“通过试点工作稳步推进高等学校本科教学工作审核评估”的要求，根据教育部高等教育司《关于对〈普通高等学校本科教学工作审核评估方案〉（试行）开展调研的函》，2013年3月，教育部评估中心在北京召开了“普通高等学校本科教学工作审核评估试点专家培训研讨会”，会上提出了“五位一体”的本科教学评估制度，体现了多样评估标准、多种评估形式、多元评估主体和多渠道的评估结果发布，强化了评估的整体性、系统性，强调了教学质量保障的低重心、常态化，突出了分类评估、分类指导的理念。这体现国家、省级、高校分级管理、分层评估的组织体系和运行机制。多方参与促进了教育评估的内在活力，提高了教育评估质量。根据以上分析，我国高等教育质量保障政策在探索期的价值选择为效益与质量并举。

2004年2月，教育部颁布《2003—2007年教育振兴行动计划》，计划指出：“培养数亿计的高素质劳动者，数千万计的专门人才和一大批拔尖创新人才，把巨大的人口压力转化为丰富的人力资源优势，加强教育同科学技术、经济文化、社会的结合，为现代化建设提供更大的智力支持和知识贡献。”随着信息技术革命的爆发，高等教育质量标准也开始凸显，集中表现为“创新精神和实践能力”“大力推进教育信息化”“促进人的全面发展”，开始把巨大的“人口压力”向“人力资源优势”转化，高等教育质量的标准呈现多元化的局面。

在面向21世纪的新时期，我国高等教育质量标准开始呈现出不同于前几个阶段的新要求，高等教育开始注重学生的自身素质教育，高等教育质量标准呈现多元化的局面。高等教育质量标准的多样性，社会需求的多元化，人才成长的个性化，使得高等教育质量评估主体利益开始多样化，进而产生多元化的高等教育质量观，形成多元化的高等教育质量评估体系，最终导致高等教育质量保障政策的多元化趋向。[①]

根据以上分析，我国高等教育质量保障政策在创新时期的主流价值选择为激励性工具为主的社会价值取向。

（四）完善期的实然价值选择

高等教育评估是一种价值判断活动。高等教育对政府、社会和个体都具有价值，政府、社会和个体都是价值主体，也都有资格作为价值判

① 张忠华：《论高等教育质量评估的多元化趋向》，《国家教育行政学院学报》2011年第2期。

断的主体，即评估主体。其实，高等教育评估在发展过程中也出现过认识上的局限，认为高等教育评估是依据政府的需要对高等教育活动的“社会价值”进行判断的活动。事实上，这一判断忽视了社会和个体作为评估主体的存在。近年来，随着高等教育的发展，人们对于高等教育评估主体有了新的认识，高等教育评估主体逐渐由一元向多元转变。而且，高等学校、社会中介机构以及教学评估中的教师和学生等，已经成为评估主体的重要组成部分。

2012 年 3 月 16 日，教育部明确指出：“健全教育质量评估制度。新方案的出台更加体现全面和多元的角度，加强分类评估、分类指导，坚持管办分离的原则，建立以高校自我评估为基础，教学基本状态监测、院校评估、专业认证及评估、国际评估为主要内容，政府、学校、专门机构和社会多元评价相结合的教学评估制度。”扩大参与的关键是建构一种参与机制，这种参与机制下，可以有序地协调和组织参与活动，使多方面的参与者通过有序的机制表达他们各自的观点。[①]

工具价值是指人们判断行为合理性所使用的标准是效率、效能、结果，而动机价值理性则以动机的高尚、纯正作为衡量行为合理性的依据，关注的是人的行为的终极价值，而不是狭隘的功利目的。遵循工具价值的质量政策不关注人本身的发展需要和个性潜能，不关注人本身的精神状态，它旨在为社会提供一定的效率、效能、结果。反思前面高等教育质量政策，无论是“为人民服务”、“为无产阶级政治斗争服务”还是“为社会主义现代化建设服务”，都没有很好地考虑为个人服务的问题。因此，这样的教育培养的是“工具”而非“人”，考虑社会需要多于考虑个人需要。

在一个注重人的主体精神的时代里，受教育者越来越重视自身受教育权利和对优质高等教育的满足，而高等教育质量本身就是对人才培养的标准规格的概括。因此，党和国家为了适应新世纪对人才的要求，在

① 周光礼：《中国高等教育质量评估体系有效性研究——基于社会问责的视角》，湖南人民出版社 2012 年版，第 5 页。

实施素质教育的背景下，随后出台了一系列有关高等教育的政策，对人才培养的质量标准方面进一步体现了对“以人为本”价值取向的重视和兼顾。“以人为本”价值取向是以个人为中心的价值观，强调高等教育目的在于促进每个学生在个性和理性方面的发展，即培养和谐发展的人。威斯康星思想的创始人范·海斯认为，“作为一所大学，必须考虑每一项社会职能的实际价值，换句话说，它的教学、科研和服务应当考虑州的实际需要”[①]。在现代，坚持以个人为中心的价值观的高等教育思想流派主要有存在主义、永恒主义、要素主义等。但是，我们不能偏颇，也就是说，个体要担任一定的社会角色，个人才有价值。1999年6月，《中共中央国务院关于深化教育改革，全面推进素质教育的决定》中提出，实施素质教育“以培养学生的创新精神和实践能力为重点”，“坚持实现自身价值与服务祖国人民的统一”。2001年7月教育部重申，“教育的培养目标旨在全面提高国民素质，培养大量具有创新精神和实践能力的人才”。2004年2月，中华人民共和国教育部颁布的《2003—2007年教育振兴行动计计划》中明确了教育要为建立全民学习、终身学习的学习型社会奠定基础。2007年5月，国家教育事业发展“十一五”规划纲要指出：切实把高等教育发展的重点放到提高质量上，着力培养学生的创新精神和创新思维，增强学生的实践能力、创造能力、就业能力和创业能力。高等教育质量保障政策强烈地透射出国家在高等教育质量的要求方面对个体的关注，对个人的成才和身心健康的重视，要求强调对国家和人民服务的同时更要注重个人自身价值的实现和个体的健康发展，对人才培养的质量开始从社会本位为主向以社会本位和个人本位并举的方向发展。教育组织的产出是“改变了的人”，高等教育质量保障政策的根本目标之一就是如何通过有效解决质量标准而促进每个受教育者的完善。因此，高等教育质量保障政策不应仅仅满足政治或经济的需要，更应该把人的需要的满足、个人的完善作为高等教育质量保障政策的首要价值目标，并以此作为准绳去选择和规范高等教育人才培养的要求和规范。2012年3月教育部明确提出：“支持学生开展创新创业训练，完

① 胡建华：《高等教育学新论》，江苏教育出版社1995年版，第175页。

善国家、地方、高校三级项目资助体系”，“加强就业指导服务，加快就业指导服务机构建设，完善职业发展和就业指导课程体系”。

根据以上分析，我国高等教育质量保障政策在完善期的价值选择回归关照人本身的价值理性是社会和人自身发展的必然，以“培养人才”和“素质教育”为中心，高等教育质量保障政策开始趋向于人本价值取向，效益和质量并举，追求多元化价值目标。

所以，我国高等教育质量保障政策的价值选择经历了由酝酿期的权威性工具为主的政治价值取向，到探索期以竞争性工具为主的经济价值取向，到激励性工具为主的社会价值取向，再到如今完善期的多元化价值取向。

五　高等教育质量保障政策价值选择的调适

我国自 1985 年以来颁布了众多的高等教育质量保障政策，在具体的实施中存有着许多的利益冲突，正是这些利益冲突使得高等教育质量保障政策的许多价值目标没有得到很好的实现和执行。要想解决好这些利益冲突，就需要针对其所反映出来的价值冲突进行相应的价值选择。而要做出正确的价值选择，就要厘清我国高等教育质量保障政策追求的价值目标与实施中实现的价值目标的差距，明确在当前社会阶段下，高等教育质量保障政策应有的价值追求，把握价值冲突背景下高等教育质量保障政策价值选择的基本趋向，以协调与平衡这些利益冲突，保证高等教育质量保障政策价值目标的贯彻落实，进而维护我国高等教育质量保障的稳步发展。

（一）价值目标存在的不足

根据教育政策调节教育利益的合理顺序，我们把高等教育质量保障政策的目的价值设定为保障机构、保障组织和相关个人需要的一致性，相应地，高等教育质量保障政策的工具价值就是国家教育需求的一致性。

1. 提升质量的价值目标没有完全实现

（1）以社会为本，满足国家和地区的政治和经济等发展需求

国家作为高等教育事业的管理者和高等教育机构的主要兴办者，

必然视教育为参与国际竞争和实行国内统治的工具，通过教育政策使教育发展围绕政治或经济展开并为之服务。① 中共中央于1985年提出"教育必须为社会主义建设，社会主义建设必须依靠教育"。依本研究我国高等教育质量保障政策的保障目的、保障内容和评估体制的演进来看，我国高等教育的保障目标，在酝酿期提出培养能够坚持社会主义方向的各级各类合格人才，探索期提出培养适应经济、科技和社会发展需求的专门人才，创新期提出培养数千万计的专门人才和一大批拔尖创新人才，完善期提出培养大量具有创新精神和实践能力的复合型人才。高等教育保障目标就是强调依据专门人才的需求量来规划发展指标。国家层面提出"211工程"、"985工程"、"2011工程"和"双一流"，打造南方教育高地这一战略选择体现了"卓越""比较""群体""中心""发展""文化"的目标意蕴②。地方层面由于社会经济发展的内在需求、高等教育体系的内在分化、理论定位上从"层次"到"类型"的转向③，也出台了转型计划。以广东为例，高水平大学建设政策坚持效率优先、自上而下、多元发展的价值选择，其中遴选标准、建设目标、文化建设、效率与公平之间的关系仍存在问题。④

按照"效率优先、兼顾公平"分配有限的高等教育资源比例实现投入和产出来看，建立健全高等教育评估制度，贯彻"以评促改，以评促建，以评促管，评建结合，重在建设"原则，通过客观的、科学的评估高等学校的办学水平，保障基本质量，依据评估结果，重点支持办学成绩卓著的学校，整顿办得不好的学校，用以指导和推动高等教育的改革、发展和提高，高等教育更好地为社会主

① 祁型雨：《超越利益之争———教育政策的价值研究》，高等教育出版社2003年版，第10页。

② 卢晓中：《区域教育发展的一种战略选择——对南方教育高地的若干认识》，《高教探索》2012年第4期。

③ 刘晖、汤建静、陈慧：《地方本科高校转型发展的规制与突破》，《广州大学学报》（社会科学版）2015年第6期。

④ 刘晖、李晶：《省域高水平大学建设政策：历史演进与价值选择》，《高等教育研究》2017年第3期。

义现代化建设服务。评估体制的完善表现在强化围绕指标的行政管理效率。

（2）以人为本，满足人民的多元教育需求

社会进步的速度和水平，很大程度上取决于人的全面发展程度和素质高低。1985 年中共中央提出“提高民族素质，多出人才、出好人才”，好人才就需要高等学校培养优质人才的保障制度。1992 年后，中共中央提出高等教育“内涵式发展”这一理念，实际上就是在一定程度上满足地方发展和个人发展的要求，体现在要求新的发展目标应兼顾国家、地方、个人需要，这一理念外化为若干具体的政策，主要是控制高校数量、优化高等教育结构和高校内部结构、提倡规模效益、社会力量办学等。新的理念在 1999 年已演变成型，1999 年我国高校大规模扩招，使得更多的受教育者有机会进入高等教育。

教育系统作为社会的一个功能子系统，不仅要通过“输入输出”机制为整个社会提供人力资源，同时也要为社会提供文化价值。教育作为培养人的活动，要根据一定的价值取向促进个体的社会化。以胡锦涛为核心的党中央提出的“以人为本”的科学发展观，以马克思主义的唯物史观为其理论基础，既是对马克思“人始终是一切实体性东西的本质”[①] 思想的升华和创新，也是对重视物不重视人，只求速度不求人的全面发展等片面发展观的否定。贯彻落实科学发展观，构建和谐教育，必须坚持以人为本，促进人的全面和谐发展。国务院和教育部提出强调简政放权和扩大高校办学自主权就是要让更多的人参与教育办学。这是贯彻落实科学发展观以人为本的重要内容和体现。要最大限度地引导和满足人民群众对教育的需求。要加快教育事业发展，千方百计地满足人民群众的教育需求，要努力促进教育的公正公平。

高等教育质量保障必须坚持以人为本原则，树立全面、协调、可持续的科学教育观，促进高等教育持续健康协调发展。因此，推进高

① 《马克思恩格斯全集》第 3 卷，人民出版社 1980 年版，第 52 页。

等教育高质量发展，以受教育者的全面发展为根本，从受教育者的发展需要出发，努力创造高质量的受教育机会，不断提高薄弱学校的办学条件、办学水平和办学质量，不断提高高等教育的教育质量才能从整体上提升高等教育的质量和水平，进而实现高等教育改革发展的最终目标。

2. 监管体系不完善而引起更大的不公平现象

（1）改善政府与高校关系

公共政策的一个重要特性就是公益性，作为公共政策的一部分，教育政策具有公益性。政府在政治法理上被定义为是全体国民委托管理国家公共事务的机构①。政府的公共性使其必须承担起维护公平正义的责任，公平正义应当成为现代政府的核心价值取向。从这种意义上讲，维护公平正义是我国政府转变职能的题中应有之义。

伴随着新公共管理理论、政府治理理论的出现，政府的职能更加转向提供公共服务和维护公平正义，通过社会组织和公民的积极参与，建立起包括政府在内的多元主体共同合作的治理模式，提高公共服务的效率和水平，确保社会公平正义的实现。现代国家的主要政府职能是管理公共事务，提供公共服务，因此政府必须是公共型与服务型的，而公共服务的本质和要义是公平与公正。现代社会，政府与市场的功能和职责十分清晰，市场提供经济效率和资源的优化配置，政府提供社会公平和资源的配置。因此，推进高等教育高质量发展的责任在政府，关键也在政府。政府应从教育为人民服务的政治高度思考并实践高等教育的高质量发展，采取积极进取、实事求是、分区规划、分类指导、分步实施的工作方针，循序渐进地推进高等教育高质量发展。

在市场经济条件下，政府和教育行政部门要为社会和教育发展建立一个公平规则。教育高质量的实质是政府作为控制社会运行的中枢与公共资源分配的主体，对全区域内的教育资源进行合理配置，以确保受教育群体和个体的权利平等。

---

① 张国庆：《现代公共政策导论》，北京大学出版社1997年版，第7页。

(2) 改善教育系统功能，增进教育民主

在我国，教育系统中以社会共享价值规范受教育者的角色行为，受教者所面临的问题和选择都是以社会文化系统中的道德标准作为参考的，受教者在社会生成的过程中，个性也得到了相应的塑造。传统高校像工厂那样进行受教者“产品”的加工，造成了学校组织个性的丧失，而受教者的个性也就更无从谈起。地方高等教育政策的合法性、合理性与科学性程度及相应的政策环境状况，影响着地方高等教育的发展程度和水平①。而地方大学诞生于高等教育的职能和特性不断裂变的时期，在制度上处于旧的业已失去，新的还未到来的十字路口，必然产生理论上、制度上和实践上的焦虑与困惑，历史和现实赋予地方大学新的内涵与特质②。如果受教者没有像教师期待的那样去做，他们将面临教师、家长以及同伴团体的否定。而受教者个体希望从其他人那里得到肯定的回应，这样道德价值和角色的一致性就得到了保证。正如有关“制度化教育”的评议所指出的那样，“划一性，即标准化导致正规教育十分死板”和“封闭性，它按自身特有的标准，以自身特有的规则、规范构筑堡垒，成为对其他系统、其他实体、其他过程的排他性，导致正规教育的十分狭隘”③。在这种“死板”和“狭隘”的教育系统中，学校教育只能是对受教者进行社会“共享价值”的灌输，而忽视受教者的个性系统对社会价值系统的内化作用。

高等教育质量保障，其实质是代表最广大人民的根本利益，核心是追求优质教育。在高等教育优质发展的状态下，高等学校提供给每个受教育者所必需的校舍、设备、师资等基本条件，是让在校大学生享受优质教育的基本体现，也是高等教育事业发展孜孜不倦的追求。

(二) 应有的价值追求

我国高等教育质量保障所追求的价值目标与实施中所实现的价值目标是存在着一定差距的，正是因为这些差距的存在，才更应该明确在当

① 刘晖、顾洁岚:《中国经验：改革开放以来高等教育地方化政策与进路》,《高教探索》2013 年第 1 期。

② 刘晖:《地方大学治理：特征、理念与模式》,《教育研究》2008 年第 7 期。

③ 陈桂生:《“制度化教育”评议》,《上海教育科研》2000 年第 2 期。

前社会发展阶段下高等教育质量保障政策应有的价值追求，才能更好地对我国高等教育质量保障政策的价值选择做出调适。

1. 明确和丰富多元价值追求的内容

在当代社会，任何一个领域的政策所追求的价值目标都不可能是唯一的，都是多元化的，对于高等教育质量保障政策而言也是如此。

现阶段我国高等教育质量保障政策的实施应当符合现代政策发展的趋势与特征，设立多元化的价值目标追求，这是我国社会经济发展阶段的现实需求。因为，我国目前正处于社会改革和经济转型的关键阶段，在这个阶段，各种社会矛盾和经济冲突同时存在于高等教育发展之中，要想统一协调好这些矛盾，政策的制定就应当同时具有多个价值目标追求，这样才能更好地解决错综复杂的矛盾。因此，我国高等教育质量保障政策在现阶段的价值追求中，应当继续坚持多元化的价值追求，并对多元化的价值目标的内容进行巩固和丰富。我国高等教育质量保障政策原有的价值追求已经囊括了以社会为本，满足国家和地区的政治和经济等发展需求、以人为本，满足人民的多元教育需求、改善政府与高校关系和改善教育系统功能，增进教育民主等多个目标。根据我国经济发展情况的实际需要，笔者认为高等教育质量保障政策追求的价值目标中还应当增加保障普通高等学校的利益和维护地方大学发展等内容。

2. 确立不同价值追求的优先级

我国高等教育质量保障政策的价值目标在上文中已经提到了具有多元化的特征，可以归结为维护秩序、促进教育效率和保护实质公平，这一点直接体现在高等教育质量保障政策的条款当中。正是因为这种多元化的价值目标使得高等教育质量保障政策本身就具有一定的冲突，所以在具体的价值目标的调整中，应当进一步明确我国高等教育质量保障政策的价值目标，使得多个价值目标之间存在一种先后顺序，这样才能使我国高等教育质量保障政策在价值目标的选择上不会出现冲突。而这个优先级别的确定应当根据时代和社会发展需求的变化而变化。我国在过去的几十年的发展中，高等教育质量上取得了飞跃式的发展，将整个“蛋糕”做大的同时却忽略了选择恰当的“分蛋糕”方式，造成了我国社会中目前存在的诸多问题。所以在现阶段，高等教育质量保障政策的价值目标在追求教育效率的同时，应当更加注重保护实质公平，并且要根据我国仍然处在发展中国家的实际情况，在促进教育效率的同时应当优先维护秩序。只有这样明确了高等教育质量保障政策价值追求的优先级别，才能保证高等教育质量保障政策的顺利实施，减少实施中出现的利益冲突。

3. 保证价值追求的前瞻性和动态性

我国高等教育质量保障政策现阶段应有的价值追求的一个重要内容就是保证其价值追求的前瞻性与动态性。前瞻性是指对于事物的超前认识和能够对未来发展情况做出预测性的准备，这就要求我国高等教育质量保障政策的价值追求不能仅限于当下社会发展的需求，而要同时关注社会未来发展的需求，提前作出预测性的判断；而动态性则要求高等教育质量保障政策在价值追求当中要根据社会发展的变化而变化，重点关注当前阶段的社会需求。由此可见，前瞻性与动态性是存在一定冲突的。但是二者之间虽然存在着一定的冲突，却并不限制高等教育质量保障政策对于前瞻性与动态性的共同追求，因为两者既是对立，又是统一的，前瞻性是建立在动态性的基础之上的、对于动态性继续发展的一种预测和提前估计；前瞻性寄托在社会的发展上。我国目前在社会新常态下，社会的发展已经由主要依靠市场驱动开始过渡到要素驱动阶段，为了实现“弯道超车”效应而同时启动了创新驱动和效率驱动。

马克思主义哲学认为，任何事物都是发展变化的，而随着社会发展的变化，对于高等教育质量保障政策的需求也是不断变化的，所以高等教育质量保障政策在价值追求的选择上不能是固定不变的，应当树立具有动态性和历史性的价值追求。现代社会的发展变化日新月异，变化速度之快，令人十分惊叹。在这种社会发展变化的前提下，如果高等教育质量保障政策的价值目标没有及时调整和变化，就会使高等教育质量保障政策的具体规定和条文不能够适用于社会的实际情况，从而使得高等教育质量保障政策不仅不能实现其价值追求，同时，会在具体实践中产生许多的矛盾和冲突，严重不利于高等教育质量保障政策的实施和我国法制社会的建设。因此，现阶段我国高等教育质量保障政策的价值追求中，应当保证价值追求的动态性，适时地进行调整与补充，使其符合我国的具体国情和社会的发展。

第二章　本科教学评估的理念变革

第一节　教学评估的历程

一　概念界定

（一）高等教育质量观

从纽曼的《大学的理念》（John Henry Newman，1853）到雅斯贝尔斯的《大学之理念》（Karl Theodor Jaspers，1945），再到布鲁贝克的《高等教育哲学》（John Seiler Brubacher，1972）和巴尼特的《高等教育理念》（Ronald Barnett，1990），150余年来，人们从未停止过对大学理念抑或高等教育理念的思考。巴尼特的新意在于他看到了高等教育对人自由心智的解放的意义，而不是落于“知识中心”的窠臼抑或局限于教学与科研之地位的争论中。借用巴尼特的观点，“高等教育的本质就是为了自由心智的解放，使人获得自我理解与自我赋权，超越自身的愚昧、无知、庸俗、偏见、谬误、固执和贪婪，从而能够自由地思想，自由地行使自己的意志与判断能力，进而建立主体意识、增强能力和发展技能，更好地应对复杂变幻着的世界，扩大对自身命运的掌控”。袁贵仁认为思想观念是行动的向导。全面提高高等教育质量首先有一个思想观念问题，从思想上真正高度重视提高质量，牢固树立科学的质量观。行动是思想观念的表现。将思想观念转到提高质量上来，最重要的不是怎么说，而是怎么做，是要落实到实际行动之中。[①]

---

① 袁贵仁：《转变观念 真抓实干 开拓进取 努力实现高等教育由大到强的历史新跨越》，《中国高等教育》2012年第11期。

《教育大词典》中将教育质量定义为“是对教育水平高低和效果优劣的评价，最终体现在培养对象的质量上。衡量标准是教育目的和各级各类学校的培养目标”[①]。李志宏认为质量是高等学校的生命线，但质量的内涵不是一成不变的，是随着时代的发展而变化的。也就是说，人们对质量的看法将随着时空的变化而发生改变。[②] 闫广芬等认为质量观是人们关于高等教育质量的基本看法，是统领高等教育质量的先导。[③] 巴纳特[④]在《改善高等教育：全面质量管理》一书中，从全面质量管理的视角出发，分别介绍了院校管理和课程教学质量保障情况，包括院校目标与绩效指标的设定、目标适应性、增值性、同行评议、全面质量管理以及学术审核。在此基础上，提炼院校绩效的评估框架，对高等院校改善其教育质量提出一定建议。此外，巴纳特还探讨了当代英国高等教育界有关提高教学过程质量的问题，集中阐述了学生经历、课题知识、技能、能力、批判性思维以及反思性学习等问题。

李姗姗认为质量观是对“质量”的一种认知，经由社会发展所形塑的质量观包含了人们赋予质量的特定的时代标准与价值判断，论述了高等教育的关注重心、目标指向、实现路径与保障方式的演变。[⑤] 潘懋元认为“教育质量观是指用什么标准来评价学生的质量和教育的效果”[⑥]。李志仁认为“教育质量观是人们在特定的社会条件下的教育价值选择”[⑦]。郭垒认为在关于高等教育研究的诸问题中，高等教育质量观是最为根本的，是人们对高等教育质量的价值判断，决定着主体从什

---

① 教育大辞典编纂委员会：《教育大辞典》（第一卷），上海教育出版社1990年版，第24页。

② 李志宏：《建立与新时期质量观相适应的高校质量保障体系》，《中国高等教育》2007年第9期。

③ 闫广芬、秦安安：《近十年来中国高等教育质量观研究述评》，《高校教育管理》2009年第1期。

④ Barnett, *Improving Higher Education: Total Quality Care*, Buckingham: The Society for Research into Higher Education & Open University Press, 1992, pp. 43 – 57.

⑤ 李姗姗：《新中国成立后中医药高等教育质量观的演变与启示》，《现代教育科学》2018年第3期。

⑥ 潘懋元：《走向21世纪高等教育思想的转变》，《高等教育研究》1999年第1期。

⑦ 李志仁：《我国应建立高等教育质量保障体系》，《高教探索》2001年第2期。

么样的立场、以何种角度判断高等教育是否满足了需要、满足的程度如何。因此，高等教育质量观涉及对高等教育的基本看法和评价，从而成为引领高等教育发展的战略性观念。[①] 田娟、孙振东基于国家教育政策的文本分析，认为教育质量观因时演进，经历了一个动态发展的过程。主要从质量内容、质量标准、质量取向三个方面展开论述。[②]

联合国教科文组织对高等教育质量观的界定是："高等教育的质量是一个多层面的概念，应包括高等教育的所有功能和活动：各种教学与学术计划、研究与学术成就、教学人员、学生、校舍、设施、设备、社区服务和学术环境等"；"高等教育的质量还应包括国际交往方面的工作：知识的交流、互联网、教师和学生的交流以及国际研究项目等，当然也要注意本民族的文化价值和本国的情况"；"质量评估是提高高等教育质量的有效途径，但不应只想到财政问题，或那些较适合用数量来表示的质量指标"，"应建立独立的国家评估机构和确定国际公认的可比较的质量标准。但对学校、国家和地区的具体情况应予以应有的重视，以考虑多样性和避免用一个统一的尺度来衡量"[③]。

李国明、朱迎玲认为高等教育质量观经历了由政府主导的一元质量观、外适质量观、内适质量观三个主要阶段[④]。高等教育质量观影响和制约高等教育的发展，因此梳理我国现代高等教育质量观的演变与发展具有重大的现实意义。高等教育质量是个与时俱进的话题，不同时期强调不同的高等教育质量观。但是，不同的高等教育质量观，目的是促进高等教育发展，而不是限制高等教育发展。质量观是高等教育发展的前提，是制约质量问题的决定性因素，是影响政府和社会决策的关键性要素。

---

① 郭垒：《当前我国高等教育质量观综述》，《国家教育行政学院学报》2008年第8期。

② 田娟、孙振东：《改革开放40年我国基础教育质量观的演进与反思——基于国家教育政策文本的分析》，《现代教育管理》2018年第11期。

③ 联合国教科文组织：《二十一世纪的高等教育：展望和行动世界宣言》，《教育参考资料》1999年第3期。

④ 李国明、朱迎玲：《论我国现代高等教育质量观的演变过程》，《教育与职业》2011年第2期。

（二）本科教学评估

从20世纪80年代开始，我国已组织了多次本科教学评估。总的来说，我国本科教学评估的演变有一条逻辑主线：合格评估—水平评估（合格评估、优秀评估和随机性水平评估）—审核评估。

1. 合格评估

合格评估的评估对象是普通高等学校本科教学工作，针对未参加过教学工作评估的各类新建普通本科学校，包括经国家正式批准独立设置的民办普通本科学校。学校参加合格评估的条件为：有3届以本校名义招生的普通本科毕业生；当年没有被限制招生或暂停招生；公办学校上一年度生均预算内教育事业费拨款须达到《财政部关于进一步提高地方普通本科高校生均拨款水平的意见》（财教〔2010〕567号）规定的相应标准。已有5届本科毕业生的新建本科学校应参加合格评估。凡因未达到评估条件而推迟评估的学校，在学校推迟评估期间，教育部将采取暂停备案新设本科专业、减少招生人数等限制措施。合格评估主要程序包括学校自评、专家进校评估、结论审议与发布等环节。

2. 水平评估

1994年年初，国家教委开始有计划、有组织地实施对普通高等学校的本科教学工作水平评估。从发展过程来看，高等学校本科教学工作评估经历了三种形式：合格评估、优秀评估和随机性水平评估。2002年，教育部将合格评估、优秀评估和随机性水平评估三种方案合并为一个方案，即《普通高等学校本科教学工作水平评估方案》。普通高等学校本科教学工作水平评估的结论分为优秀、良好、合格和不合格四种。

3. 审核评估

审核评估的对象是凡参加普通高等学校本科教学工作水平评估获得“合格”及以上结论的高校均应参加审核评估。参加普通高等学校本科教学工作合格评估获得“通过”结论的新建本科院校，5年后须参加审核评估。审核评估的条件是：参加审核评估学校办学条件指标应达到教育部《普通高等学校基本办学条件指标（试行）》（教发〔2004〕2号）规定的合格标准；公办普通本科高校生均拨款须达到《财政部关于进一步提高地方普通本科高校生均拨款水平的意见》（财教〔2010〕567

号）规定的相应标准。审核评估范围主要包括学校的定位与目标、师资队伍、教学资源、培养过程、学生发展、质量保障以及学校自选特色等方面，涵盖学校的办学定位及人才培养目标，教师及其教学水平和教学投入，教学经费、教学设施及专业和课程资源建设情况，教学改革及各教学环节的落实情况，招生就业情况、学生学习效果及学风建设情况，质量保障体系的建设及运行情况等。

二　教学评估的历史演进

改革开放40年来，我国高等教育已实现从精英到大众的转型，高等教育毛入学率从1978年的1.56%提高到2017年的45.7%，[①] 即将迈进普及化阶段。对30多年来本科教学评估历程进行梳理，可以发现“质量观”的变化贯穿于合格评估、水平评估和审核评估的进程之中。何为“质量观”？它是人们关于高等教育质量的基本看法，是统领高等教育质量的先导。[②] “质量观”的转变是一个长期的过程。随着时代的变迁，人们对质量的认识不断深入，也不断地赋予“质量观”新的内涵或新的价值判断。教育改革发展、教育质量变化的背后是“质量观”的引导，有什么样的观念就有什么样的教育，“没有一种力量，比观念更具有颠覆性”[③]。高等教育质量观就是人们赋予高等教育以某种意义或价值观念。在关于高等教育研究的诸问题中，高等教育质量观最为根本的，是人们对高等教育质量的价值判断，决定着主体以什么样的立场、从何种角度判断高等教育是否满足了需要、满足的程度如何。因此，高等教育质量观涉及对高等教育的基本看法和评价，从而成为引领高等教育发展的战略性观念。[④]

（一）本科教学评估的历程

我国本科教学质量评估的思考与实践始于1978年。党的十一届三中

---

① 中华人民共和国教育部：《2017年全国教育事业发展统计公报》，《中国教育报》2018年第3期。

② 闫广芬、秦安安：《近十年来中国高等教育质量观研究述评》，《高校教育管理》2009年第1期。

③ 胡传胜：《观念的力量：与柏林对话》，四川人民出版社2002年版，第8页。

④ 郭垒：《当前我国高等教育质量观综述》，《国家教育行政学院学报》2008年第8期。

全会后，教学秩序恢复正常，高等教育的改革与发展促使部分高校开展教育活动的评估工作。1983 年教育部召开全国高等教育工作大会，提出对重点大学进行评议。1985 年发布的《中共中央关于教育体制改革的决定》强调扩大高等学校办学自主权的同时，提出要“定期对高等学校办学水平进行评估”，用评估来保障高等教育质量的观念开始形成。同年 6 月，原国家教委在黑龙江省镜泊湖召开了“高等工程教育评估专题讨论会”，对高等教育评估的目的、方法、方案等进行了探讨，评估由观念层面进入操作层面。1990 年，原国家教育委员会正式发布了《普通高等学校教育评估暂行规定》，本科教学评估工作开始启动，计划于 1994 年开始实行三类评估。1994 年，教育部正式实施本科教学评估，目标是对新建的、以本科教学为基本任务的普通高校开展合格评估；1996 年，对一批国家重点建设大学开展优秀评估；1999 年，对办学时间久、以本科教学为基本任务的普通高校进行了随机性评估。这一阶段的“质量观”未设统一的本科质量标准，而是针对不同情况的高校，实施差异化的评估，其目标明确，措施到位，对于保障处于不同发展阶段本科高校的教育教学质量，发挥了实效。我们可以称之为 2.0 版的本科教学评估。随着高等教育体制机制的改革，1999 年扩招政策出台，我国高等教育在质与量之间展开了一场博弈。2002 年，我国高等教育毛入学率为 15.2%，根据马丁·特罗划分高等教育发展阶段的标准，我国高等教育开始进入大众化阶段。高等教育质量认识的改变伴随着一系列教育教学改革，实践呼唤理论，新的“质量观”和质量评估呼之欲出。于是，教育部开始策划评估工作的升级，在 2002 年年初开始了首轮高校本科教学水平评估工作。同年 6 月，印发《普通高等学校本科教学工作水平评估方案（试行）》，列出了本科教学水平评估的时间表。2004 年，教育部发布《2003—2007 年教育振兴行动计划》，进一步明确“实行五年为一周期的全国高等学校教学质量评估制度”①，这意味着我国本科教学评估开始走

① 教育部：《2003—2007 年教育振兴行动计划》，2004 年 2 月 10 日，http://www.jiangsu.gov.cn/xxgk/project/P0201606/P020160620/P020160620515340784810.pdf，2019 年 9 月 3 日。

向制度化和规范化。同年8月，教育部高等教育教学评估中心应运而生。我们可以称其为3.0版的本科教学评估。2013年1月，教育部高等教育教学评估中心发布《关于开展普通高等学校本科教学工作审核评估试点工作的通知》，选择了南京大学、同济大学、黑龙江大学、五邑大学作为开展普通高等学校本科教学审核评估试点工作的高校。通过这四所高校评估积累的经验和对国外评估工作思想的借鉴，同年12月，教育部颁发《关于开展普通高等学校本科教学工作审核评估的通知》，确定审核评估工作开展的时间是2014—2018年。我们称其为4.0版的本科教学评估。

（二）本科教学评估的问题提出

从2.0到4.0三个不同版本（指标体系）的本科教学评估，从理念、理论到实践有何差异？其核心“质量观”有何不同？如果有所不同，其产生的影响为何？通过文献梳理和经验观察，我们认为从精英到大众的转变本身就是质量观念不断变化和深化的过程，同时也是不同教育质量观引领高等教育改革发展的过程，其主要转变表现在三个方面：从资源投入量化到资源结构优化、从大学质量观到人才培养质量观、从基准达标统一化到特色发展多样化。

改革开放40多年来，我国高等教育完成了从精英阶段到大众阶段的转型，教育质量观、本科教学评估和高等教育质量也都随之变化。观念是引导变革的力量，“质量观”主导着本科教学评估中指标体系、资源配置、结果应用的变革，通过对合格评估、水平评估和审核评估所蕴含的观念变革的分析，发现“质量观”经历了从资源投入量化到资源结构优化、从大学质量观到人才培养质量观、从基准达标统一化到特色发展多样化的转换，对今后高等教育的改革发展具有重要启示。

第二节 “质量观”的变革

一 从资源投入量化到资源结构优化

1977年复办大学，恢复高考，高等教育开始走向正轨。但由于“文革”十年的大倒退，高等教育“元气”大伤，教育欠账太多，最直接的表现是高等教育资源严重不足，资源问题成为发展的拦路虎。20世纪90年代初我国开展以新建本科院校、“专升本”院校和恢复重建的院校为对象的合格评估，正是基于当时的背景提出的。此时要求高校必须达到基本量化标准，鼓励多投入，形成了“以量取胜”“量足为优”的观念，评估的质量观是强调为逐步扩张的规模提供资源支撑。高等教育采取“外延式”发展模式，致使学校数量剧增，校点分散，规模小，效益低。①

20世纪90年代末，为拉动内需和缓解社会上出现的失业现象，中央政府启动高等教育“扩招”政策，相继而来的高校数量增加和规模扩张，引发了绝大多数高校生均资源不同程度下降，并同时产生高等教育资源内部结构分配的不均衡。比如，2001年国家财政性教育经费为3057亿元，“985工程”一期投入的经费（含中央财政和地方财政）估计相当于国家财政性教育经费的六分之一。② 从“211工程”学校情况看，95所“211工程”学校的科研经费、仪器设备总值、图书总藏量分别占全国高校的72%、54%、31%，在校博士生、硕士生、本科生分别占全国高校的84%、69%和32%，国家重点实验室、国家重点学科分别占全国高校的96%和84%。③ 由此可见，我国高等教育资源的分配极不均衡，重点大学获得的教育资源总量显然比普通高校多，高等教育资源的占有量在一定程度上与高校整体的质量成正比。由于高等教育规模的持续扩张，我国高等教育资源同时存在短缺和浪费的“短板现象”，高等教育资源分配的不均衡，阻碍了我国高等教育的进一步改革和发展。21世纪以来，高等教育在社会主义市场经济体制下运行，高等教育资源分配均衡的问题开始得以重视，并落实到政策操作层面上，从2002年的本科教学工作水平评估方案中的一级指标师资队伍、教学条件与利用等的提出足以体现。不可否认的是，水平评估的实施使

① 刘晖：《论高等教育资源的合理配置》，《教育研究》1994年第12期。

② 陈学飞：《理想导向型的政策制定——“985工程”政策过程分析》，《北京大学教育评论》2006年第1期。

③ 周济：《创新发展思路，制定“211工程”“十五”建设计划》，《中国高等教育》2002年第20期。

高校的基础设施和办学条件都有了相应的改善和提高，例如校园环境的建设、设施的改进，尤其是各种教育教学资源如图书、体育馆、足球场、实验室、计算机室等的改善。毋庸置疑，拥有优质资源的高校在办学方面具有明显的优势，足以吸引优秀的学生和教师。显然，这也造成“好的高校更好，差的高校更差”的局面，成为审核评估到来的前期铺垫。

随着知识经济时代的到来，人们对大学的憧憬已不仅仅是“上大学”，而且是“上好大学”的追求。我国高等教育发展方式正在发生深刻的变革，即从规模扩张和空间拓展为特征的外延式发展，转变到以提高质量和优化结构为核心的内涵式发展①。2013 年年底，教育部发布审核评估的方案。新一轮本科教学评估质量标准的设计，在“质量观”上体现了高等教育资源配置结构的优化调整。相较于水平评估，审核评估的二级指标从“师资队伍数量与结构”“主讲教师”变为“数量与结构”、“教育教学水平”、“教师教学投入”和“教师发展与服务”。审核评估不仅注重教师队伍的数量和结构，而且在量的基础上更倾向于教育教学水平、教师教学投入、教师发展与服务等，体现了审核评估对“量”与“质”的双向重视。还有一个较为突出的变化是从“教学条件与利用”到“教学资源”，包含教学经费、教学设施、专业设置与培养方案、课程资源和社会资源五大要素，教育资源的多样化适应了高等教育发展方式的转变。高等教育内外部结构的复杂性要求优质教育资源在实现高等教育“量”与“质”双赢的道路上有一个合理的分配，以期实现高等教育资源的优化配置。

二 从大学质量观到人才培养质量观

在高等教育精英阶段开展的合格评估、优秀评估和随机性评估，质量意识发生了变化，但质量观的导向仍是关注“大学”的质量，即关注大学的整体资源状况和办学水平。办学理念主要围绕如何办学、如何办好大学，而对培养“人才”关注不够，即对于培养什么人才、如何

① 钟秉林：《加强综合改革平稳涉过教育改革“深水区”》，《教育研究》2013 年第7 期。

培养人才、如何培养好人才关注不够。

质量意识是做好质量工作的前提和基础，有了质量意识，才能形成提升高等教育质量的认识自觉。① 评估应秉持什么样的质量观，是以“大学”为中心，还是以“人才”为中心，关涉到资源的不同导向。确定高等教育质量观的标志，是于1994年开展的本科教学工作合格评估，这一阶段的质量观是“大学”为中心的资源导向。合格评估实际上是对本科院校办学水平的一种检测，是对高校的一种认可，其结果分为合格、暂缓通过和不合格三种。本科高校评估结果能否达到合格，意味着高校能否生存和发展下去。紧接着在1996年，教育部对16所“211工程”的重点建设大学开展了优秀评估，以促进或寻求这一时期高水平大学的领军院校来带动高水平大学的建设。之后，为使全国高校普遍具备评估意识，强化评估的质量导向，教育部对26所本科院校进行了随机性评估。在精英教育阶段，高等教育评估的主要使命，就是促使“大学”及其利益相关者质量意识和评估意识的形成与基准质量的达标。从合格评估、优秀评估和随机性评估的效果看，“大学”评估的目标基本实现。

2002年，教育部在上一轮评估提高了质量意识、解决了新建本科资源达标的基础上，重新设计了较为规范的本科教学水平评估，计划对全国共计592所老本科进行评估。本科教学工作水平评估的指导思想是“以评促建，以评促改，以评促管，评建结合，重在建设”，但它的主要任务却是对高校的本科教学工作水平进行鉴定和分等，是一种对大学整体上的总结性评估，也是一种以“大学”为中心的评估，“人才”（学生）的地位不够凸显。此时，高校的声誉和质量已经成为家长和学生选择高校的基本要素，许多高校为了取得好的评估结果，都很重视其教学工作的管理和建设。但与此同时，评估也被赋予了浓厚的功利主义色彩，为追求评估结果的“优秀”等级，大搞形象工程，甚至不惜弄虚作假，地方政府也默许支持，于是评估结果85%的“优秀”率的光彩与人们对评估过程中种种问题的诟病，似乎使得教学评估成为一把“双刃剑”。

---

① 傅大友：《高等教育质量建设的三个关键词》，《江苏高教》2013年第4期。

2008年，为确保新世纪的新建高校能够达到基本的质量标准，改善我国高等教育质量的“短板”现象，教育部出台了《普通高等学校本科教学工作合格评估方案》，对未参加过教学工作评估的各类新建普通本科学校（含民办普通本科）进行合格评估。新一轮本科教学评估开始了，这是继1994年的又一次合格评估，是在“扩招”之后背景中的质量保障政策。合格评估突出了落实立德树人的根本任务，凸现“应用型”人才培养的质量标准，开始注重学生的个性化发展。钟秉林教授认为，不管是通过合格评估的高校，还是暂缓通过的高校；不管是已经接受过合格评估的高校，还是准备接受合格评估的高校；不管是公办高校，还是民办高校，都要进一步增强紧迫感和责任感，把主要精力放在人才培养和教学工作上，切实抓好学校的内涵发展和质量建设。[①]此时，高等教育质量、高等学校质量仍是评估的重心，但逐步开始由“大学”质量意识转向“人才”质量意识。

2013年，以学生发展为中心、注重大学自主评估的审核评估出台，与之前的教学评估相比，审核评估新增了“培养过程”“学生发展”“质量保障”等一级指标，“人才”（学生）的中心地位得以凸显。这一政策有着深刻的时代发展印记。我国已进入工业4.0时代，高等教育应更加强调对学生的基础知识、基础能力、实践能力和创新能力的培养[②]，更加强调基础化、综合化、个性化、实践化，形成通识教育、终身学习基础上的专业教育人才培养新模式[③]。审核评估的核心是对学校人才培养目标与培养效果的实现状况进行评价，充分体现了人才培养的质量观，把高等教育的质量反映在学生的培养质量上。例如强调教师是课堂的第一责任人、重视立德树人与德才兼备、关注大学四年学生感受的评价、对大学生参与教育教

---

① 钟秉林：《新建本科院校要高度重视内涵发展和质量建设——基于41所本科院校合格评估结果的分析》，《中国高教研究》2015年第6期。

② 徐高明：《动力转换、路径优化和目标聚焦——五大发展理念与我国高等教育发展》，《现代教育管理》2017年第1期。

③ 李立国：《工业4.0时代的高等教育人才培养模式》，《清华大学教育研究》2016年第1期。

学的评价、毕业生对母校的评价，等等。人才培养水平是衡量高等教育质量的首要标准，既是一所高校生存和发展的基础，也是国家需求和时代赋予的使命，必须努力把学校的各项工作最终落实到提高人才培养质量上来。[①] 至此，本科教学评估的质量观实现了从"大学"为中心向以"人才"为中心的转换。

三　从基准达标统一化到特色发展多样化

最先启动的本科教学评估——合格评估的"质量观"是资源基准达标，质量标准就是要保底线，是政府对改革开放以来高等教育质量与办学基准参差不齐的监管与规范。合格评估的内容主要体现在"四个促进、三个基本、两个突出、一个引导"。其中"三个基本"是教学条件基本达标，教学管理基本规范，教学质量基本保证。"三个基本"足以体现其认证性质，用统一的最低质量标准来衡量高校合格与否，或是否达到办学的规范和标准，体现了统一化的质量观。当然，仅仅保底线还不够，1996 年教育部进行了优秀评估即对较为成熟的本科大学开展本科教学评估来寻找领头羊，期待优秀的大学能够起模范带领作用，引领和带动其他院校的发展。在同一套"优秀"质量标准下，"优秀"大学也只是属于某一类型或某一层次的具有某种共同点的大学。合格评估和优秀评估都注重结果，主要关注高校的本科教学工作是否合格或是否优秀。而在接下来的随机性评估才真正起动员作用，也调动各大高校的积极性，毕竟随机性评估让各大高校都无法置身事外。本科教学随机性评估确保了那些拥有长久的办学经验并具有一定社会影响力的高等院校的质量。但是，用同一套质量标准去衡量办学传统各异、质量良莠不齐的本科高校，多少有些捉襟见肘。合格评估、优秀评估和随机性评估都是基于对我国高等教育质量最基本的保障而采取的措施，三者的共同点在于都用同一套质量标准去衡量高校的质量，也反映了政府控制高等教

① 本报评论员：《人才培养水平是衡量高教质量的首要标准》，2012 年 3 月 26 日，http：//old. moe. gov. cn/publicfiles/business/htmlfiles/moe/s6414/201203/132995. html，2019 年 9 月 6 日。

育基准质量的时代性与迫切性。客观地说，统一化的评估标准既保障了高校基准质量的统一化，又遮蔽或限制了高校发展的多样性和办学特色的可能性。

如果说在我国高等教育恢复期、扩张期采用基准达标“质量观”统一要求所有高校，以确保质量底线，还有其合理性的话，那么在大众化阶段则明显不合时宜了，大众化的基础是多样性，必然要求多元化的“质量观”。正如潘懋元先生指出的：“对不同层次、不同类型的学校不能用同一标准来衡量，更不能用精英教育的标准来衡量大众教育的教育质量。”[①] 我国开展的本科教学水平评估的质量标准是由精英阶段的合格评估、优秀评估、随机性评估合并而成，但是，仍没能够摆脱精英阶段的统一化质量标准，水平评估分为优秀、良好、合格、不合格四个等级，也是对标统一“质量”的结果。在参评的589所高校中，竟有423所本科院校符合“办学特色鲜明”的指标而获得优秀等级。这种把高校教育教学工作常模化，实施“标准化—常模化—审查及考核—层级化—奖励与惩治”的机制，使不同层次和类型的高等院校被定型到了一种固定化的指标体系里，在客观上抑制了多样化、特色型学校的发展。[②] 显然，统一化与多样化、大一统与特色化是冲突的、不兼容的。有鉴于此，2013年开始的审核评估，突出特色化、个性化的质量观，旨在让评估工具成为促进本科院校逐渐走向特色化办学之路的推手。

随着经济全球化、社会信息化智能化和大数据时代的到来，有特色的高质量人才已经成为了民族国家的核心竞争力。高等学校办出特色，是求生存、求发展的必由之路。因为特色就是质量，特色就是水平，特色就是生命。[③] 2013—2018年的审核评估对高校进行分层和分类的指导，强调高校的自我定位的价值导向，评估是“用自己的尺子量自己”，鼓励在办学定位和培养目标上的适切性与差异性，目的是提高人

① 潘懋元：《新时期中国高等教育的质量战略》，《中国大学教学》2004年第1期。

② 吴东方、司晓宏：《对我国高校本科教学水平评估工作的评价与反思》，《陕西师范大学学报（哲学社会科学版）》2009年第1期。

③ 刘和忠：《树立正确的高等教育质量观》，《中国高等教育》2002年第8期。

才培养的目标达成度、社会适应度、条件保障度、质保有效度和结果满意度。这显然有利于各个高校的合理定位和多样化人才的培养。审核评估方案中列出了“自选特色项目”的灵活指标，学校可自行选择能够体现自身特色的项目来补充评估资料，以体现高校自身的鲜明特色。潘懋元先生认为：“高等教育大众化的发展前提是多样化，多样化的高等教育应有各自的培养目标和规格，从而也应当有多样化的教育质量标准。”① 审核评估的质量观主张满足多样性的需要，不仅要满足国家和社会发展的需要，同时要满足个人发展的需要。高等教育也只有真正地发挥出它自身对国家、社会和个人的作用时，才能够得以健康发展。基于近五年审核评估的观察和笔者参与的现场评估经验，我们认为，审核评估秉持的多元质量观和“特色项目”评价，促进了高等教育的多样化发展，在一定程度上改善了我国高等教育“千校一面”“千人一面”的办学格局。

第三节 思考与展望

一 质量观既是“先验”标准，也是“经验”判断

如果说“大学是民族灵魂的反映”②，那么大学评估则是对其“反映”状态的度量，度量的核心是“质量观”，度量的依据是质量要素。在精英高等教育阶段，人们常常有一个关于“好大学”“好学生”的“先验”标准，随着高等教育大众化的推进，大学质量观也潜移默化，质量被赋予“经验”的价值内涵。厘清近 40 年我国本科教学评估中“质量观”的变化，理论上有利于深化对评估价值的认识，改进和发展评估理论，乃至构建中国人自己的评估理论；实践上有利于提供指导评估政策研制，优化评估工具，引导高等学校的健康发展。克隆巴赫强调：“评估能完成的最大贡献是确定教程需要改进的地方”，他认为教

① 潘懋元：《高等教育大众化的教育质量观》，《江苏高教》2000 年第 1 期。

② ［美］亚伯拉罕·弗莱克斯纳：《现代大学论——美英德大学研究》，浙江教育出版社 2001 版第 2 页。

育评估是“为获得教育活动的决策资料，对参与教育活动的各个部分的状态、机能、成果等情报进行收集、整理和提供的过程”①。现实意义上，对近40年我国本科教学评估质量观念的演变进行梳理，有利于我国本科教学评估的进一步深化和改革，避免对评估产生认识上的偏差和误区而影响评估政策或质量政策的制定，“评估就是质量保障，完善评估制度和改进评估工作就是健全质量保障体系”②。马丁·特罗认为，高等教育在不同的发展阶段应有不同的质量观，质量即“学术标准”。在精英教育阶段，其“学术标准”一般是共同的和相对较高的。在大众高等教育阶段，学术单位的多样化促使学术标准的多样化。在普及高等教育阶段，有更加多样化的成就评价标准，是一种凭借教育经验的“价值增值”。而“高等教育本身数量的增长开始改变学生进入大学和学院的观念”，“学生人数增加和从特权到权利的入学观念的转变随着选拔原则和过程的变化而变化”③。我国高等教育已经从精英阶段走到后大众化阶段，即将踏入普及化阶段，从评估的角度来说，就是一元质量观走向多元质量观的过程。在不同的时期，人们给“质量”赋予了不同的内涵。在一开始，我们认为质量是一种“先验”的或是应然设定的标准，之后我们却发现质量是“经验”的，是我们不断地赋予它的一种意义，或者说价值。这种意义或价值就是质量观。

二 质量观从高校基准质量保障，走向促进高等教育公平

本科教学评估的质量，不仅要实现高等教育资源结构的优化配置，普遍提升高等学校的办学质量，而且要关注和促进高等教育实现社会公平公正的使命，从高等教育入学机会公平，到高等教育过程的公平，学习机会的公平，乃至于高等教育结果的公平，要求我们关注高校中的不同群体的差异性发展需求，促进不同社会背景、不同性别、不同族群的

① 瞿葆奎：《教育学文集·教育评价》，人民教育出版社1988年版，第160页。

② 刘振天：《整体设计教学评估书写质量保障体系建设新篇章》，《中国高等教育》2012年第21期。

③ ［美］马丁·特罗：《从精英向大众高等教育转变中的问题》，王香丽译，《外国高等教育资料》1999年第1期。

学生获得公平的教育机会，最大程度实现教育公正。公平公正本身是一个理想的目标，也是需要在高等教育的改革和发展中去实现的一个过程。目前，我国的高等教育资源在不同学校之间和各学校内部的差异性仍然显著，因此既存在进一步加大量化投入的需求，也存在资源结构优化的需要，以便更高程度上实现高等教育公平。高等教育资源供给总量的增长，有助于实现每个有能力接受高等教育机会的人都“有学上”，高等教育资源结构的优化则有助于实现每个学生都获得所需的教育资源，以确保每个学生“上好学”，实现真正意义上的公平。与此同时，评估促进高等学校的多样性和特色化发展，也是提升高等教育适切性和公平性的方式，高等教育统一性和多样性的结合有利于高等教育内部质量保障体系的建立。

三　质量观从重视人才培养质量，走向建设高等教育强国

教学评估必须以培养高质量人才为价值取向，[①] 建设高等教育强国已上升为我国的国家战略。随着高等教育的国际化、人才的全球性流动和人才竞争力的扩张，人才流失对各国尤其是发展中国家高等教育的发展乃至整个国家发展都是“潜在威胁”。高等教育是人才培养、储备和使用的最重要平台，人才强国的首要是高教强国。因此，高等教育质量观必然要顺应人才强国战略的实施，教育评估要为建设教育强国服务，这逐渐成为各国的共识。近 40 年高等教育质量观的变化充分反映了人们对高等教育质量所赋予的内涵和外延的发展模式的过程，而贯穿于这整个过程的是以“人才”为中心和“以人为本”的观念，把“以人为本”的观念最终落实到实处，以切实推进高等教育强国目标的实现。从本科教学工作合格评估、水平评估到审核评估，从专业评估、特色专业建设，到《普通高等学校本科专业类教学质量国家标准》的颁布与实施，为我们展示了从保障高等学校质量，到提高人才培养质量，再到建设高等教育强国的内在逻辑。

① 卢雅红：《教学评估必须以培养高质量人才为价值取向》，《当代教育论坛》2006 年第 5 期。

第三章　专业认证的本土应用

专业认证是我国“五位一体”本科教学评估和高等教育质量保障体系中重要的组成部分。专业认证的核心目标是确认毕业生达到自身就读行业内认可的既定要求和标准，是一种以培养目标和毕业出口要求为导向的合格性评价。专业认证在许多专业类别的认证上起着十分重要的作用。随着工程专业认证领域规模不断扩大，越来越多的高校和专业参与进来，医学教育专业认证持续开展，师范类专业认证全面启动，人文社科领域的经济、管理类专业也开展了认证试点，专业认证的学科领域逐步扩大到理学、农学、文学领域等专业。现阶段我国专业认证多以国家政策为引领，接轨国际一流专业认证准入标准，结合我国国情和本土化特色，形成中国特色质量保障模式。但我国专业认证制度发展的时间较短，在许多方面并不成熟，仍存在着不少的问题亟待我们去思考与解决。

第一节　专业认证的概述

一　相关概念的界定

认证（Accreditation）是高等教育为了教育质量保证和教育质量改进而详细考察高等院校或专业的外部质量评估过程。——CHEA（美国高等教育认证机构）认证是认证机构颁发给高校或专业的一种标志，证明其现在和在可预见的将来能够达到办学宗旨和认证机构规定的办学标准。——USED（美国联邦教育部）专业认证（specialized/professional programmatic accreditation）是高等教育认证的重要组成部分，是相对于院校认证（institutional accreditation）而言的。院校认证是为了保证整个学校的教育质量，而专业（professional）认证机构对专业性教育学院及专业性教育计划（programmatic）实施的专门性（specialized）认证，由专门职业协会会同该专业领域的教育工作者一起进行，为相关人才进入专门职业界从业的预备教育提供质量保证。[①] 专业认证主要对专业学生培养目标、质量、师资队伍、课程设置、实验设备、教学管理、各种教学文件及原始资料等方面的评估。专业认证已在国际上行之多年，是得到广泛采纳的保证和提高高等学校专业教育质量的重要方法和途径。

而所谓“本土化”不是狭隘的地域观念，更不是族群的对立，而是放眼国际，展望未来。它是与国际化、全球化概念紧密相关的，是一个硬币的两个方面。[②] 在这里，“本土化”与“国际化”的概念是相互对应的。

因此，我们认为专业认证的“本土化”，也与专业认证的“国际化”相对应。国际上的专业认证模式在中国要与中国的高校相适应，包括不同地区学校的文化、政治、经济等方面相适应，为各级各类不同高校基于自身定位而培养人才，并将国际上专业认证文化模式融入和植根于当地文化模式。

二　专业认证的概况与意义

我国“五位一体”的本科质量保障体系包括了自我评估、院校评估、状态数据常态监测、国际评估和专业认证这五大块，并在2011年和2012年相继出台了《关于普通高等学校本科教学评估工作的意见》（高教〔2012〕9号）和《关于全面提高高等教育质量的若干意见》（高教〔2012〕4号）。

而其中，专业认证是我国“五位一体”的本科教学评估和质量保

---

① 韩晓燕、张彦通、王伟：《高等工程教育专业认证研究综述》，《高等工程教育研究》2006年第6期。

② 邢亚莹：《学苏制背景下教育学的本土化研究》，硕士学位论文，曲阜师范大学2016年版，第10页。

障体系最重要的组成部分。中国高等教育做了制度性、根本性的战略安排，明确培养世界一流人才、扎根中国大地、把握全面提高人才培养质量的根本使命，因而我国实行专业认证有着不可替代的重要意义。

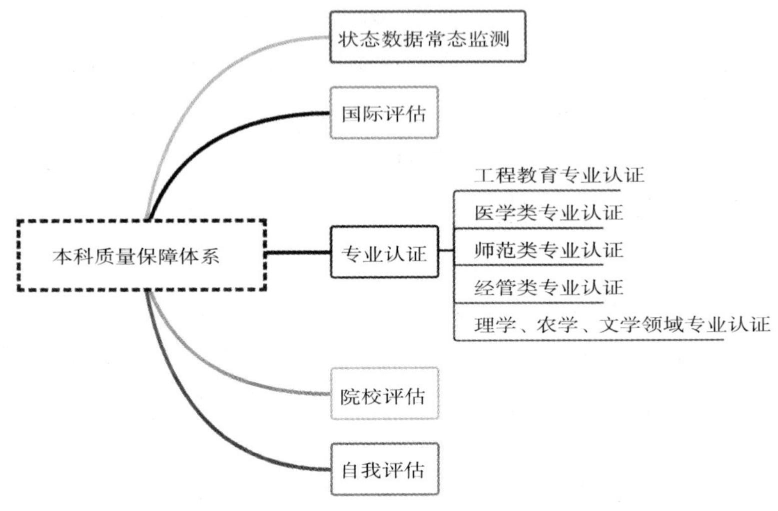

图3—1 我国“五位一体”的本科质量保障体系构成示意图

（一）保障国内不同高校专业水准

中国实行专业认证的首要原因是为了保障国内不同高校的专业水准。

自西方大学走出象牙塔以来，大学被庇护般的学术独立、自治、自由的传统不再，随着社会的发展，大学与社会的关系日益紧密，无法分割。大学开始与社会中的不同行业与企业、其他利益相关者紧密联系、相互对接。而专业认证可以使我国的人才达到企业所需要的人才标准，使学生在毕业后能达到社会所需要的水平，直接到企业和社会中去。通过专业认证，明确教育专业的标准和基本要求，促进各院校和专业进一步办出自己的特色；改善教学条件、增加教学经费的投入，促进教师队伍的建设和专业化发展；发现大学相关专业院系教学管理的薄弱环节，促进建立科学规范的教学质量管理和监控体系，从而提高大学教学管理水平。

通过专业认证，加强高等教育与社会各界企业部门的联系。把社会各界企业部门对毕业生的要求及时反馈到高等教育人才培养的过程中来，引导高等教育专业改革与发展方向，密切高等教育和社会各界企业部门的关系，使社会各界企业部门参与高等教育人才培养过程中的培养方案的制订、培养过程的改进与培养成果的验收，促进社会各界企业部门对高等教育的了解和支持。改善高等教育的产业适应性，促进高等教育为社会各界企业部门提供合格的高等教育人才。总而言之，就是使高校的毕业生成为社会所需要的人才。

（二）方便人才流动，提升国际竞争力

中国实行专业认证的另一重要原因是要便于国内人才的流动。如医学专业，部分国家不承认中国部分学校医学教育的学历：在中国大陆学习医学专业的学生在日后出国就业或者深造时竟被要求重修医学专业的基础课程。相反，在台湾地区医学院毕业的学生取得的毕业文凭在国际上却几乎都被承认。是我国大陆的医学专业的学生资质比台湾地区的学生的资质差吗？是他们不比台湾地区的学生努力吗？都不是。这都与国内的部分高校的医学专业认证没有与国际接轨有关。

台湾地区的医疗技术在国际享有盛誉，早在2012年美国国家地理频道纪录片《亚洲新视野：台湾医疗奇迹》中便介绍台湾地区的医疗技术在世界排名第三，仅次于美国和德国。有记者曾报道，台湾地区的卫生福利部门曾整理2014年前后国外媒体报导发现，无论是CNN、A Discovery Company、Global Post以及The Richest，台湾地区的医疗服务水平都名列世界前十强，The Richest更将台湾地区的医疗照护评为世界第一。①

台湾地区的医疗水平高的原因有很多，除了医疗设备先进、医疗组织专业严谨以外，更重要的是台湾地区医生培养的高水准训练要求。台湾地区的医生需要接受长时间且严格广泛的医学教育学习与训练，这样严格高水平的医学教育培养出了一批批高质量的医疗人员和医师队伍。

---

① 赖于榛：《台湾医疗照护The Richest：世界第一》，《ETtoday新闻云》2014年1月22日政治版。

由此可见，一个国家或地区对应的专业、行业在国际上的评价，会影响其国家、地区内的学生遭到不同的对待。部分国家不承认中国部分学校医学教育的学历，这在一定程度上揭示了中国国内的医疗服务水平没有达到国际承认的标准，因此，中国国内应尽快出台相应的政策鼓励医院的医疗设施建设。并且在医学类的专业认证上应加快脚步，以点带面全面铺开认证规模，使我国医学各类专业都得到国际上的认证，便于人才的流动。

通过专业认证，促进高等教育的国际交流，使我国的高等教育人才能够公平地参与国际就业市场的竞争，满足进入国际就业市场的现实要求并获得公平、无歧视的待遇，提升我国高等教育人才的国际竞争力。

（三）“引进来”之后再“走出去”

中国实行专业认证更重要的原因在于把专业认证本土化后，建立中国特色的专业认证范式，甚至可供其他国家在一定程度上借鉴与参考，使国际上高等教育的教育质量保证和教育质量改进里有中国的声音。

2016年中国工程教育正式加入《华盛顿协议》是实现从跟随到比肩而行跨越的历史性一刻，为了这一刻中国整整奋斗了十年。这一举措“开启了中国参与国际高等工程教育规则制定的新时代”①。

但是加入《华盛顿协议》并非中国的根本目标，这只是提高我国工程教育质量的重要手段，目标是为了赢得国际的认可，取得国际话语权。而且，不仅仅是为了融入世界，更要影响世界，最终目的是提高工程教育人才培养能力，开创我国高等教育改革发展的新局面。在引进来后，还可以走出去。专业认证是提高我国高等教育质量的重要手段和工具，以《华盛顿协议》作为模板参考的其他专业认证，如工学、理学、农学、人文社科等专业认证也会全面铺开，全面建立我国独有的专业认证体系。

中国的民族多样性和地域宽广的特征决定了中国的教育是多样的，

---

① 张俊芳：《消防工程技术专业人才培养体系研究》，《教育教学论坛》2018年第52期。

不能只是跟随国际上的脚步来发展。中国可以也应该追赶甚至超越世界专业认证发展的步伐，形成一套富含中国特色的认证体系。在参考《华盛顿协议》的框架下，以国际质量的标准与规则制定中国的本土化专业认证体系，使中国的部分专业认证具有中国自身的特色，符合中国国情，利于中国发展。形成一套成熟的富有中国特色的质量保障模式，甚至可供部分想要形成自身专业认证特色的国家作为参考。

第二节　专业认证的分类与发展

一　工程教育专业认证

（一）总体概述

我国的专业认证是从工程教育开始的。工程教育认证是国际上公认的工程教育质量保证体系，也是实现工程教育和工程资格国际认可的重要基础。工程教育认证是针对高等教育工程类专业开展的一种合格评价。中国工程教育认证协会是中国政府授权在中国开展工程教育认证的唯一合法组织。

我国工程教育专业认证的目标，是为了促进我国高等工程教育的改革，加强工程教育的实践与应用，从而提高工程教育培养人才的质量。同时，听取各方利益相关者的意见，吸引工业界机构和人士的广泛参与，进一步加强工程教育与工业界机构和人士的联系，以此提高工程教育对于工业界机构所需人才培养方面的适应性。并建立工程教育专业认证体系，可与相关注册工程师制度相衔接。促进中国的工程教育参与国际交流与国际互认，赢得国际认可，取得国际话语权。

（二）主要进程

自 1985 年以来，中国在全国范围内开展了专业评估和专业认证的探索与实践，逐步形成了一套工程专业认证的模式。中国第一个与国际接轨的职业性专业认证便是土木工程专业认证，该认证符合国际惯例和国际标准。当然我国工程专业的认证经历了一个漫长的过程。

1992 年开始认证试点工作，先由建设部在清华大学、同济大学、天津大学和东南大学4所学校的6个专业（建筑学、建筑工程管理、建筑环境与设备工程、城市规划、土木工程、给排水工程）进行试点。①

2005年以来，我国开始构建工程教育专业认证体系，逐步开展专业认证工作，并把实现国际互认作为重要目标。②

2006年5月，教育部成立了全国工程教育专业认证专家委员会，开始了工程教育领域的专业认证试点工作。③ 2006年3月17日，教育部办公厅发布了《关于成立教育部工程教育专业认证专家委员会的通知》④，正式成立了全国工程教育专业认证专家委员会。

2007年，教育部成立了全国工程教育专业认证专家委员会，并于同年12月12日由教育部办公厅发函成立全国工程教育专业认证监督与仲裁委员会。⑤ 截至2007年年底，教育部共在10个专业领域内开展80多个专业认证的试点工作。至此，我国工程教育专业认证的组织体系已基本成型。

2009年，我国申请加入《华盛顿协议》。我国于2013年6月成为《华盛顿协议》预备成员，2014年年初我国提交《华盛顿协议》转正申请。经过资料的审查与决议等程序，2016年6月2日，国际工程联盟2016年会议（IEAM2016）在马来西亚吉隆坡举行，经《华盛顿协议》组织的闭门会议，全票通过中国科协代表我国由《华盛顿协议》预备会员转正，成为该协议第18个正式成员，实现了我国工程教育专业认证与国际认证的实质等效。

① 孙娜：《我国高等工程教育专业认证发展现状分析及其展望》，《创新与创业教育》2016年第1期。

② 李志义：《对我国工程教育专业认证十年的回顾与反思之一：我们应该坚持和强化什么》，《中国大学教学》2016年第11期。

③ 王光明、刘昭明、郑立文：《地方工科院校专业认证试点工作初探》，《纺织教育》2012年第2期。

④ 中华人民共和国教育部：《教育部办公厅关于成立教育部工程教育专业认证专家委员会的通知（教高厅函〔2006〕5号）》，2006年3月17日，http：//old. moe. gov. cn/publicfiles/business/htmlfiles/moe/moe_ 1284/200610/17920. html，2019年9月10日。

⑤ 教育部高等教育司：《教育部办公厅关于成立全国工程教育专业认证监督与仲裁委员会的通知（教高厅函〔2007〕59号）》，2007年12月12日，http：//www. moe. gov. cn/srcsite/A08/moe_ 742/s3861/200712/t20071217_ 109635. html，2019年9月10日。

2018 年 1 月，教育部发布了《普通高等学校本科专业类教学质量国家标准》，这是我国第一个高等教育教学质量的国家标准。该标准突出学生中心、产出导向、持续改进，明确了适用专业、培养目标、培养规格、课程体系、师资队伍、教学条件、质量保障等各方面要求，是各专业类所有专业应该达到的质量标准，是设置本科专业、指导专业建设、评价专业教学质量的基本依据。①

我国高校专业认证方面的实践和探索，有力推动了我国高等教育的健康有序发展和专业内涵式发展。

（三）阶段成果

截至 2018 年年底，全国共有 227 所高等学校的 1170 个专业通过工程教育专业认证，充分发挥认证专业的示范辐射作用。② 同时标志着这些通过工程教育专业认证的专业的学生培养质量自此实现了与国际实质等效，进入全球工程教育的"第一方阵"。

教育部自 2006 年开始启动工程类教育专业认证的工作。十几年来，我国以申请加入《华盛顿协议》为契机，持续不断标准化推进工程教育认证，在国家政策的引导下全面深化工程教育改革，从 2011 年开始实施了"卓越工程师教育培养计划"相关的一系列改革举措，为我国的"一带一路""中国制造 2025""网络强国"等国家战略提供了强有力的支持。2018 年，教育部启动了"新工科"建设，把"新工科"建设作为引领高等教育改革的有力抓手，③ 加快发展新兴工科专业，改造升级传统工科专业，主动布局未来战略必争领域人才培养，提升国家硬实力和国际竞争力。目前，中国工程教育已站在新的历史起点上，从全

① 教育部：《教育部对十三届全国人大一次会议第 1733 号建议的答复（教建议〔2018〕第 432 号）》，2018 年 9 月 18 日，http：//www. moe. gov. cn/jyb_ xxgk/xxgk_ jyta/jyta_ gaojiao-si/201812/t20181229_ 365462. html，2019 年 9 月 10 日。

② 教育部高等教育司：《教育部高等教育司关于转发已通过工程教育认证专业名单的通知（教高司函〔2019〕31 号）》，2019 年 6 月 20 日，http：//www. moe. gov. cn/s78/A08/A08_ gggs/A08_ sjhj/201906/t20190624_ 387402. html，2019 年 9 月 10 日。

③ 教育部办公厅：《教育部办公厅关于公布首批"新工科"研究与实践项目的通知（教高厅函〔2018〕17 号）》，2018 年 3 月 15 日，http：//www. moe. gov. cn/srcsite/A08/s7056/201803/t20180329_ 331767. html，2019 年 9 月 10 题。

球工程教育改革发展的参与者向贡献者、引领者转变。

（四）存在的问题

但我国工程教育专业认证仍有不足：专业认证与注册工程师制度衔接缺失、工程教育认证与工科教师队伍建设对接失衡、缺少成果导向（OEB）的人才培养模式课程与认证体系相衔接、专业认证专家队伍与社会连接不够紧密等问题仍然是我国工程教育专业认证的主要问题。

二　医学类专业认证

（一）总体概述

医学教育认证是指由指定的机构、采用既定的标准和程序对医学院校或培训项目进行审核与评估的外部质量评价机制。主要目的一是评判教育项目是否达到基本的质量标准，二是鼓励医学院校不断改进与完善以促进教育质量发展。[①] 医学教育认证与工程教育认证类似，同样需要与国际一流标准接轨，医学教育认证是医学教育国际化的必然要求，也是执业准入的基础性工作。[②]

（二）主要进程

医学类专业认证并不像工程类专业认证那般有着国际统一的标准和组织机构，医学类专业认证暂无全世界统一认证的标准和程序。[③] 不过，在 1998 年，经世界卫生组织和世界医学协会批准，世界医学教育联合会建立了“医学教育国际标准”项目。2001 年 6 月，世界医学教育联合会执行委员会通过并发布了《本科医学教育全球标准》。在这个标准的基础上，世界卫生组织西太区办事处制定的区域性医学教育标准

① 汪青：《中国临床医学专业认证体系的构建与未来发展》，《复旦教育论坛》2012 年第 5 期。

② 教育部：《关于政协十三届全国委员会第一次会议第 2056 号（教育类 221 号）提案答复的函（教提案〔2018〕第 77 号）》，2018 年 9 月 21 日，http://www.moe.gov.cn/jyb_xxgk/xxgk_jyta/jyta_jxpgzx/201901/t20190122_367740.html，2019 年 9 月 12 日。

③ 汪青：《中国临床医学专业认证体系的构建与未来发展》，《复旦教育论坛》2012 年第 5 期。

《本科医学教育质量保证指南》也于2001年7月出版。[①]

2002年，中国高等教育学会医学教育专业委员会和北京大学医学部联合举办了《医学教育标准国际研讨会》，研究国际医学教育标准，引入了医学教育的国际标准，部署国际标准“本土化”的研究工作。此后，教育部、卫生部委托中国高等教育学会医学教育专业委员会组建了“中国医学教育质量保证体系研究课题组”。课题组以《中华人民共和国高等教育法》《中华人民共和国执业医师法》为依据，借鉴了1994年以来各项教育评估的指标体系，同时参照世界医学教育联合会（WFME）《本科医学教育全球标准》、WHO西太平洋地区《本科医学教育质量保障指南》和美国纽约中华医学基金会所属的国际医学教育组织（IIME）《全球医学教育的基本要求》，并参考了澳大利亚、英国、美国等国家的相关标准，研究拟定了《本科医学教育标准——临床医学专业（试行）》。[②] 此后在2008年，医学教育认证专家委员会和临床医学专业认证工作委员会与卫生部联合颁布了《本科医学教育标准——临床医学专业（试行）》，该标准以五年制本科临床医学专业为适用对象，提出该专业教育必须达到的基本要求，是该专业教育质量监控及教学工作自我评价的主要依据，也为教育部以后对不同学校的本科临床医学专业的认证提供了认证依据。

2006年5月18日至20日，由世界医学教育联合会（WFME）推荐的澳大利亚医学理事会执行副主任Theanne Walters女士、西太区医学教育协会前主席及澳大利亚医学院校认证委员会前主席Laurie Geffen教授、澳大利亚医学院校认证委员会主席Michael Field教授与教育部医学

---

① 高等教育司：《教育部 卫生部关于印发〈本科医学教育标准——临床医学专业（试行）〉的通知（教高〔2008〕9号）》，2008年9月16日，http：//www. moe. gov. cn/s78/A08/gjs_ left/moe_ 740/s3864/201406/t20140604_ 169784. html，2019年9月12日。

② 高等教育司：《教育部 卫生部关于印发〈本科医学教育标准——临床医学专业（试行）〉的通知（教高〔2008〕9号）》，2008年9月16日，http：//www. moe. gov. cn/s78/A08/gjs_ left/moe_ 740/s3864/201406/t20140604_ 169784. html，2019年9月12日；教育部临床医学专业认证工作委员会：中国临床医学专业认证，2018年11月13日，http：//renzheng. bjmu. edu. cn/index! queryMenuXwxx. action？ map. CDDM＝020301&map. SFZJXS＝N，2019年9月12日。

教育质量保证课题组组长北京大学程伯基教授等共同组成专家组，参照WFME《本科医学教育全球标准》对哈尔滨医科大学进行了临床医学专业试点认证。[①] 哈尔滨医科大学是我国第一所被认证评估的医学院校。这标志着我国的临床医学教育专业得到了国际上的认证。同时，由于哈尔滨医科大学是参考我国《本科医学教育标准——临床医学专业（试行）》作为该校医科专业教育质量监控以及教学工作自我评价的主要依据，因此也标志着我国制定的医学教育专业认证标准得到了国际一流机构的认可。

2012年，教育部、国家中医药管理局联合印发了《本科医学教育标准——中医学专业（试行）》（教高〔2012〕14号），把具有较为系统的中医基础理论与基本知识，较强的中医思维与临床实践能力，较强的传承能力与创新精神，作为本科中医学专业毕业生的培养目标，要求掌握中医经典理论的基本知识，并明确提出在课程计划中必须安排中医学基础、中医经典等课程。[②]

2014年以来，教育部医学教育教学改革发展研究基地成立了“中国临床医学专业认证实施战略研究”课题组，并结合十年来积累的认证经验对2008版的《本科医学教育标准——临床医学专业（试行）》进行了一系列的修订。医学教育承载着培养医学卫生人才的使命，与全民健康息息相关。[③] 医学教育专业认证与工程教育专业认证一样，十分需要与国际一流标准、与国际接轨，建立与国际实质等效的临床专业认证制度与体系一直是我国医学教育认证的目标和要求。[④] 因此，在建立

---

① 教育部临床医学专业认证工作委员会：中国临床医学专业认证，2018年11月13日，http://renzheng.bjmu.edu.cn/index! queryMenuXwxx.action? map.CDDM=020301&map.SFZJXS=N，2019年9月12日。

② 教育部：《关于政协十三届全国委员会第一次会议第1781号（教育类181号）提案答复的函（教提案〔2018〕第272号）》，2018年9月20日，http://www.moe.gov.cn/jyb_xxgk/xxgk_jyta/jyta_gaojiaosi/201901/t20190129_368479.html，2019年9月12日。

③ 教育部临床医学专业认证工作委员会：《中国本科医学教育标准：临床医学专业（2016版）》，北京大学医学出版社2017年版，前言。

④ 谢阿娜、王媛媛、王景超等：《中国临床医学专业认证十五年回顾与展望》，《高校医学教学研究（电子版）》2017年第1期。

我国医学教育认证的过程中，我国一直坚持与外国部分医学教育认证机构的紧密联系。澳大利亚医学理事会（AMC）于1985年成立，是负责澳大利亚与新西兰医学教育认证的机构。该机构经过30多年的发展，已经形成了一套较为完善成熟的认证制度。我国的工作委员会曾经多次通过AMC到澳大利亚参加认证活动，在此过程中现场实地学习和观摩，以此作为完善我国医学教育认证标准的依据。2016版的《本科医学教育标准——临床医学专业（试行）》最终在2017年修订完成正式出版，此次修订历时两年，课题组经过广泛的调研与国内外权威机构及专家咨询，保留了中国《本科医学教育标准——临床医学专业（试行）（2008版）》中适用的内容，并确保中国标准与全球标准等效一致。

2019年3月15日，教育部办公厅正式成立教育部护理学专业认证工作委员会。①

（三）阶段成果

伴随着中国《本科医学教育标准——临床医学专业（试行）》的起草和正式颁布、相关认证委员会的组建、认证指南的编写完成、认证专家的培训、试点及正式认证等一系列工作的开展，中国临床医学专业认证体系已初步建立，并处于有序发展之中。②

十多年来，中国持续进行着医学专业认证的研究，并着力构建我国的医学专业教育的国家认证体系，并努力与国际一流医学教育专业认证体系相接轨。教育部依托临床医学专业认证工作委员会和有关专业类教学指导委员会，先后开展了临床医学、口腔医学、中医学、药学、护理学等8种专业的认证工作，112所高校的169个专业通过认证。初步规划到2020年完成首轮临床医学本科专业认证，并将通过世界医学教育

① 教育部：《教育部办公厅关于成立教育部护理学专业认证工作委员会的通知（教高厅函〔2019〕20号）》，2019年3月15日。http：//www.moe.gov.cn/srcsite/A08/moe_740/s3864/201903/t20190329_376031.html，2019年9月13日。

② 教育部临床医学专业认证工作委员会：中国临床医学专业认证，2018年11月13日，http：//renzheng.bjmu.edu.cn/index！queryMenuXwxx.action？map.CDDM=020301&map.SFZJXS=N，2019年9月13日。

联合会（WFME）合作平台，逐步建立完善国际实质等效的医学教育认证制度。[①]

这标志着我国初步建立了具有中国特色的、具有国际实质等效的医学教育认证制度，并且与世界一流医学教育专业机构的交流也更加密切，对提高医学人才培养质量起到了积极推动作用，为以后各级各类专业认证标准的建立提供了一个很好的参考框架与模式。

（四）存在的问题

医学认证的专家队伍建设不够规范、专业认证与执业医师资格、研究生学位授予资格非有机统合、专家队伍建设利益相关者的参与度不足等问题仍然需要日后专业认证体系的发展和完善。此外，医学类专业认证在加强与国际接轨的同时也应重视国情现状和本土化发展。

三　师范类专业认证

（一）总体概述

“要进行专业认证，首先就要看高等学校所开设的专门职业性教学计划是否符合预定合格标准的评估，这是一项为对培养专业人才所必须提供的教育的质量评估活动。”[②] 教育质量标准是判定教育活动达到的水平和效果而制定的规范准则，是评价教育质量的准则和依据，而教育质量的高低将直接体现在教育活动的对象——人才培养质量上。而师范专业则是为此而生的。师范类专业是指为培养基础教育阶段各级各类学校师资而在普通高等学校设置的一类专业。[③]

（二）主要进程

2017年，教育部印发了《普通高等学校师范类专业认证实施办

---

① 教育部：《关于政协十三届全国委员会第一次会议第2056号（教育类221号）提案答复的函（教提案〔2018〕第77号）》，2018年9月21日，http://www.moe.gov.cn/jyb_xxgk/xxgk_jyta/jyta_jxpgzx/201901/t20190122_367740.html，2019年9月13日。

② 董秀华：《专业认证：中国高教评估不可忽视的视角》，《中国高等教育评估》2004年第4期。

③ 李红清、李建辉：《师范专业标准：教师教育质量的源头保证》，《闽南师范大学学报》（哲学社会科学版）2019年第1期。

法（暂行）》（教师〔2017〕13号）。[①] 在全国启动实施师范类专业认证，旨在建立教师教育质量保障制度，健全和完善教师教育质量保障体系，不断提高我国教师培养质量和规范师范类专业办学，开展师范类专业认证工作。师范类专业认证是专门性教育评估认证机构依照认证标准对师范类专业人才培养质量状况实施的一种外部评价过程，旨在证明当前和可预见的一段时间内，专业能否达到既定的人才培养质量标准。认证的核心是保证师范生毕业时的知识能力素质达到标准要求，目的是推动师范类专业注重内涵建设，聚焦师范生能力培养，改革培养体制机制，建立基于产出的持续改进质量保障机制和质量文化，不断提高专业人才培养能力和培养质量。《普通高等学校师范类专业认证实施办法（暂行）》包括认证办法和认证标准两个部分。认证办法由认证体系、认证标准、认证对象及条件、认证组织实施、认证程序、认证结果使用等十二项构成。认证标准则分为三级，覆盖中学教育、小学教育、学前教育三类专业。这是我国政府颁布的首个分级分类专业认证办法，构建了横向三类、纵向三级的认证标准体系。

2019年10月10日，教育部印发了《职业技术师范教育专业认证标准》，与《特殊教育专业认证标准》一并发布，标志着三级五类师范专业认证标准体系正式建立。两个专业认证标准与已印发的中学教育、小学教育和学前教育专业认证标准构建维度基本一致，分为相互衔接、逐级递进的三个层级，同时突出职业技术师范教育、特殊教育各自专业特色。职业技术师范教育专业认证标准和特殊教育专业认证标准都包括三级，从一级到三级分别定位于专业办学基本监测要求、专业教学质量合格要求、专业教学质量一流要求。[②]

---

① 教育部：《教育部对十三届全国人大一次会议第3894号建议的答复（教建议〔2018〕第346号）》，2018年9月30日，http://www.moe.gov.cn/jyb_xxgk/xxgk_jyta/jyta_jiaoshisi/201812/t20181226_364972.html，2019年9月15日。

② 教育部教师工作司：《教育部教师工作司关于印发〈职业技术师范教育专业认证标准〉和〈特殊教育专业认证标准〉的通知》，2019年10月10日，http://www.moe.gov.cn/s78/A10/A10_gggs/A10_sjhj/201910/t20191030_405965.html，2019年9月15日。

（三）阶段成果

截至2019年，全国全面启动推进师范类专业认证取得显著成效。全国共有60个师范专业通过第二级专业认证，两个师范专业通过第三级专业认证，认证结论有效期6年。① 这标志着我国初步建立了具有本土化中国特色的师范教育认证制度。师范类专业认证具有中国特色与世界水平相结合、统一体系与特色发展相结合、内部保障与外部评价相结合、学校举证与专家查证相结合、常态监测与周期性认证相结合五个基本特征。我国的师范类认证具有分工明确、体系复杂的特点，是富有中国特色的认证体系。师范教育认证制度对提高我国师范类专业人才培养质量起到了积极推动作用。

（四）存在的问题

由于我国的师范类专业认证起步较晚，仍存在较多问题：专家团队的数量与能力难以满足认证需求，认证专业的相关细节要求制定不够明确合理，缺少成果导向（OEB）的人才培养模式课程与认证体系相衔接，认证专业存在培养目标不明确等问题。这与我国师范类专业认证短期内开展较快、发展迅速有关，这对认证质量的保证提出了较高的要求。

四　经管类专业认证

（一）主要进程

2015年12月，首批教育部经管类专业认证试点启动。44名教育界、行业企业专家对西南财经大学、浙江大学、厦门大学、对外经济贸易大学四所高校的国际经济与贸易、财务管理、工商管理、会计学等7个专业点开展了现场考察。

2015年，对外经济贸易大学国际经济与贸易、会计学两个专业作为试点专业参加了首批专业认证。

---

① 教育部：《2012年以来，"国培计划"培训教师超1400万人次，中西部招聘特岗教师51万名——我国教师队伍建设全面提档升级》2019年9月4日，http：//www.moe.gov.cn/fbh/live/2019/51106/mtbd/201909/t20190904_397340.html，2019年9月15日。

2016 年 12 月，对外经济贸易大学财务管理专业、工商管理专业接受教育部普通高等学校本科专业认证（第三级）暨全国首家中俄联合国际专业认证，并在第二年顺利通过。通过认证的结论在欧洲高等教育区内全面认可，这标志着中国高校经管类专业建设获得了国际上的认可。

2019 年 4 月，对外经济贸易大学经学校自评、专家组现场考察、认证结论审议等程序，国际经济与贸易、会计学、工商管理、财务管理四大本科专业正式通过教育部理农人文社科类专业认证，有效期为 6 年。工商管理、财务管理两个专业同时获得俄罗斯国家公共认证中心认证。①

（二）阶段成果与存在问题

我国经管类认证虽暂未出台相关的认证制度，但我国高校经管类专业的建设确实获得了国际上的认可。随着各类认证标准的逐步发展和完善，相信不久以后我国的经管类专业认证也会像工程专业认证、医学类专业认证一样，与国际一流标准接轨，借助专业认证结果来衡量我国经管类专业的人才培养质量，乃至将专业认证与经管类职业准入、注册会计师等制度相关联。同时实现经管类专业认证的国际等效性，方便毕业生在国内外求职时候得到平等、无歧视的对待。这都亟待相关经管类专业认证政策的出台与实施。

五　其他专业认证

（一）主要进程

除上述专业外，其他专业认证也在积极筹备与进行之中。

2017 年 1 月 11 日，中国工程教育认证协会在昆明举行 2017 年第三期工程教育认证专业培训会。会议上，教育部评估中心主任吴岩作题为《把握“六新”做好专业认证，建设一流本科专业》的主报告，指出 2006—2016 年十年间，工程专业认证领域规模不断扩大，认证理念得

① 张文韬：《贸大四大本科专业通过教育部专业认证》，《对外经济贸易大学校报》2019 年第 1 期。

到各高校、企业、学生的认可，越来越多的学校和专业参与进来，并从中获益。同时，在人文社科领域的经济、管理类专业也开展了认证试点。2017年，开展专业认证的学科领域逐步扩大，理学、农学、文学领域专业认证将全面启动。①

武汉大学于2016年12月27—29日率先接受教育部高教评估中心组织专家对其进行化学、物理本科专业的第三级认证考察。② 在2017年的5月16—19日，中国传媒大学的新闻学专业成为首个接受新闻学专业认证的试点单位。③ 2018年5月21日至24日华东理工大学化学专业迎来了中俄联合国际专业认证专家组的现场考察。④ 同年12月21日，教育部高教评估中心组织对中国农业大学农学专业进行了专业认证（第三级）。⑤ 此后，南京农业大学、西北农林科技大学等多个学校先后参与其中。2018年11月18日，全国农学类专业认证研讨会在南京农业大学举办，来自中国8所农业高校和知名行业企业的60余位领导专家参加了会议。⑥

2019年9月23日，《中国教育报》一则关于“北大仓行动”的文章引用了习近平总书记一年前视察黑龙江七星农场时的指示：“中国人的饭碗任何时候都要牢牢端在自己手上。”根据北大仓行动方案，教育部将制定《新农科人才培养引导性专业目录》，“调整淘汰不能适应农

① 聊城大学教务处：《2017年理学、农学、文学领域专业认证将全面启动》，2017年2月15日，http：//jwc. lcu. edu. cn/zlpg/175558. html，2019年9月16日。

② 武汉大学新闻网：《我校在全国率先接受理学专业认证 教育部专家组现场考察化学物理专业》，2016年12月30日，https：//news. whu. edu. cn/info/1002/47719. htm，2019年9月16日。

③ 搜狐网：《我校新闻学本科专业认证验收工作全面展开》，2017年5月19日，http：//www. sohu. com/a/141931235_ 407314，2019年9月16日。

④ 华东理工招生：《化学专业迎来中俄联合国际专业认证》，2018年6月1日，http：//www. jinciwei. cn/f189199. html，2019年9月16日。

⑤ 中国农业大新闻：《农学专业接受最高层级专业认证 为全国农学教育首次（图文）》，2016年12月21日，http：//news. cau. edu. cn/art/2016/12/21/art_ 8769_ 492162. html，2019年9月20日。

⑥ 湖南农业大学新闻网：《我校承办2018年全国农学类专业认证研讨会》2018年11月20日，http：//newsadmin. njau. edu. cn/_ s5/2018/1120/c8a97141/page. psp？ 1 = 1&t = 0. 3770552705091255，2019年9月20日。

林产业发展和社会需求变化的老旧专业，因地制宜培育农林特色优势专业集群，建设一批国家级一流涉农专业”。我国将构建高等农林专业认证制度，推进三级专业认证，构建以高校内部质量保障为基础、多部门共同参与的新农科质量保障体系。[①]

（二）阶段成果与存在问题

由此可见，我国许多专业认证都从全国较优秀的高校的专业中开始试点作为示范，以此带动其他高校积极参与其中，渐渐形成整体趋势，以点带面地进行高校内专业认证的工作。其他不同的专业也开始陆陆续续出现专业认证的趋向，甚至部分专业认证与其他国家联合举办，派遣专家组参观学习有关经验国家，以达到专业的准入水平和国际一流专业认证水平相一致，实现国际接轨和等效。

第三节　思考与展望

我国的专业认证发展迅速，从个别试点到进一步推广、从持续开展到全面开展，这中间凝聚着各级政府、机构与高校的共同前进、相互配合。

对于在读学生而言，实现与国际等效的专业认证可以帮助其毕业后在国外求职时，得到公平对等、便捷、无歧视的对待，不需再质疑就读的专业在国际上的等效性。对于高校而言，可以促进高校对接“国际一流”的专业水平，根据专业认证的结果按照标准改进课程体系，确定自身高校专业水平的位置，促进高校人才培养质量的提升。对社会而言，社会各界利益相关者可以借助不同高校专业认证的结果去衡量其人才培养的质量，不再单纯以学校的总体排名作为唯一依据，帮助学生、家长根据专业选择相应的高校报读、帮助企业选择合适的高校进行校企合作、帮助投资机构准确定位有潜力的专业和高校等。对于国家而言，专业认证的推广和全面开展意味着我国高等教育从“量”到“质”的

---

① 万玉凤：《“北大仓行动”：掀起高等农林教育新变革》，2019 年 9 月 23 日，http：//www. jyb. cn/rmtzgjyb/201909/t20190923_ 262565. html，2019 年 9 月 26 日。

飞跃，是我国从大众化迈向普及化，推进教育强国进程中的坚实步伐。

我国专业认证虽自1985年以来便开始了不断的探索与实践，逐步与国际化接轨。但我国在2016年6月才成为《华盛顿协议》的正式成员，实现我国工程教育专业认证与国际认证的实质等效，此后才慢慢引起社会各方关注。我国第一个高等教育教学质量的国家标准《普通高等学校本科专业类教学质量国家标准》更是在2018年1月才正式颁布，因此我国的专业认证还非常年轻，专业认证的标准还在国际的框架内进行，距离成熟还有相当一段路要走，也还有很多问题亟待细致思考分析和解决。

一 政府应以政策调控为主适当放权

目前，我国的专业认证多由政府主导，不管是政策条例还是实施细则，不管是评价实施队伍还是评价标准，几乎都是政府在主控。由于政府对于专业认证的管理把控过严，导致高校也只能跟在政策后面走，这形成了一部分不良的后果。有的大学过分依赖、依附于国家的政策指引，以“挤牙膏”的形式推动着校内的专业认证的实施，并没有将专业认证制度内化为自身学校建设特色的一个重要有机组成部分，也没有完全理解专业认证的理念与核心，只是亦步亦趋地跟在政策后面，不敢超越，也无从超越。有些高校只是把专业认证作为一个教育部“标签项目”，认为凡是政府组织干的就是应该干的，单纯以通过认证为目标，而不是把认证作为专业建设的手段，功利化、机械化地对待专业认证的过程。[①]

专业认证的根本目的就是通过外部力量来提高教育质量，如果专业认证一味由政府主导严格控制，那么就成了对专业的自我评价。[②] 加上不同高校由于自身所处的地域不同、经济基础不同、学校自身发展的定位不同而导致培养目标不同，因此，不同的高校应根据学校自身的特点

---

① 都昌满：《对我国工程教育专业认证试点工作若干问题的思考》，《高等工程教育研究》2011年第2期。

② 高洁、胡志：《美国和澳大利亚卫生管理专业认证制度及对我国的启示》，《中国卫生事业管理》2017年第6期。

来进行不同层次的人才培养。政府的政策只是一个宏观调控的“总指挥”，而具体的发展和实施需要学校根据学校自身条件“本地化”进行。因此，应给予院校在专业认证中一定的空间。政府应该适当放权，对专业认证主要进行宏观调控，出台相关激励政策鼓励高校自动申请专业认证，并且在此过程中促进高校发现自身专业内部问题、课程设置问题等，使高校自我改善，形成良性循环。

二　认证的专家队伍结构应变革

我国认证的专家团队在数量、结构和质量等方面的建设相对滞后。就以我国工程教育专业认证来讲，其规模巨大，而且增长速度飞快，由2006年的8个专业增加到2018年的688个专业，年均增长率达到44.9%（见图3—2）。①

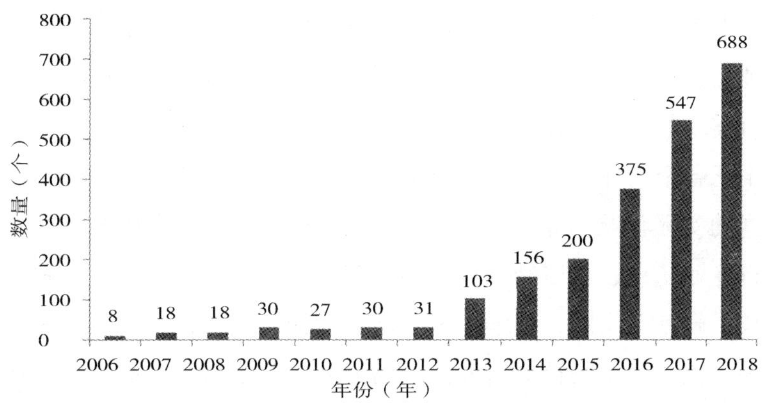

图3—2　2006—2018年我国工程教育专业认证

但是，我国专业认证专家委员会内人员构成多为高校内的教师和教务行政人员，而社会各界利益相关人士诸如行业内公司和行业协会的人员比例则很少。虽然高校内的教师团队和专家教授作为专业领域内教学研究的佼佼者，参与专业认证是非常必要的，不但可以直接对比不同学校之间同一专业的专业水平，还可以借鉴参考其他高校的优

① 胡德鑫：《新工业革命背景下工程教育专业认证制度国际改革的比较与借鉴》，《高校教育管理》2019年第5期。

势长处为自身学校所用；但是实施专业认证的最终目的之一是要以学生为中心，即要让学生毕业后能直接对接社会上相关行业的工作。有的高校的专业表面上虽然已经通过认证，甚至已经与国际标准接轨，但是学生毕业之后该何去何从，毕业证与相关资格证是否能得到社会各界的认同却犹未可知，仅仅是为了认证而认证，对学生似乎并无真正的用处。如果专业认证的专家团队中来自行业内公司和行业协会的人士比例小，那社会上对于高校的专业认证的认可度就不高，他们会认为高校内培养的人才与社会行业内所需要的人才之间仍然有一定的不对等。如果高校中的专业认证以后所培养的人才质量不能使行业内满意，缺乏对市场的实际需求、学生的需求和企业用人单位声音的聆听，其市场的价值也会大打折扣，以致专业认证效果失灵，专业认证也就失去了意义。

社会上的力量可以使专业认证更有权威性。社会力量的参与是实施教育评估的重要环节，如美国的卫生管理认证机构中，有很多来自对该专业有需求的部门，如医院、医药公司、健康咨询公司等，① 社会上其实更不乏各个专业领域内的专家人才，他们有多年的实践经验，对自身行业内的实际状况和专业发展有深刻的体会。加入社会中各行业的力量来进行专业认证，可以结合社会实际需要发现高校中专业的问题，也能使学校了解社会实际，以学生就业前景作为出发点，去改善专业课程中的问题，让毕业生与社会行业内所需人才的差距缩小，减少学生在工作时候的二次基础学习。行业内公司和行业协会人员也会因此更加积极地给予意见改进高校内专业培养质量问题，使校企的合作更为紧密。

三　形成中国特色的本土化认证

中国的民族多样性和地域宽广的特征决定了中国的教育是多样的，不能只是跟随国际的脚步去发展。其实无论是中国的物质文化、精神文化，还是制度文化，似乎都从来没有完全模仿与照搬，似乎都需要一定

① 高洁、胡志：《美国和澳大利亚卫生管理专业认证制度及对我国的启示》，《中国卫生事业管理》2017 年第 6 期。

程度的“本土化”。如中国的高等教育模式，中国教育学被形象地称作“舶来品”，在其百余年来的建设和发展过程中，本土化研究是一个贯穿始终的主题。[①] 国际比较教育界的著名学者许美德认为中国从来没有完全接纳任何一个国家的模式。[②] 从外国的高等教育模式进入中国强制嫁接，到模仿融合，再到内化接纳最终形成中国的一套高等教育的模式，成为中国教育的有机组成的一个部分，也是一个辗转反复的本土化过程。再如中国的高等教育学，挪威奥斯陆大学比较教育学家阿里·谢沃（Arild. Tjeldovll）在其撰写的 *Pan Maoyuan—A Founding Father of Chinese High Education Research*（《潘懋元——一位中国高等教育研究的创始人》）一书中说过这样一段话，潘懋元教授是中国高等教育学的第一人，他开创的高等教育学是真正本土化的学问。[③] 中国现代意义上的高等教育体系和制度是从西方引进的，是完全意义上的舶来品，1898年，清政府效仿欧洲开办的京师大学堂被视为近代中国第一所具有现代性质的大学，至今不过百十余年的时间。然而，现代中国的高等教育学却地地道道属于中国学人的独立创造。国外有高等教育研究，但并无高等教育学，在那里，高等教育是作为多学科的研究领域存在和发展着，但中国学者却建立和发展了专门的学术体系。这个专门的学术体系的倡议者、发起者和建构者，就是厦门大学的潘懋元教授。[④]

事实证明，无论是怎么样的外来文化，都要经过一段时间的内化吸收使其与本土文化相融合。如今我国专业认证出现的问题，很多都是由于国际的专业认证模式在没有“本土化”的基础上的直接生搬硬套。对于专业认证的标准，很多学校并没有清楚地认识到其只是一个风向标，应在实际认证工作中将其贯穿其中，体现专业认证的核心与理念，

---

① 邢亚莹:《学苏制背景下教育学的本土化研究》，硕士学位论文，曲阜师范大学 2016 年版，第 1 页。

② ［加］许美德:《中国大学 1895—1995：一个文化冲突的世纪》，许洁英译，教育科学出版社 2000 年版，第 1 页。

③ 赖静、高晓杰:《让中国的高等教育研究走向世界——〈潘懋元——一位中国高等教育研究的创始人〉（英文版）评介》，《教育研究》2006 年第 1 期。

④ 刘振天:《理论的力量何以可能——潘懋元高等教育学及其研究立场》，《山东高等教育》2015 年第 2 期。

而不是“视为最终的追求目标”“过分照搬”“迷失自我”“千校一面”“扼杀其教育专业建设的特色与个性”。[①]

不同国家的国情导致了不同社会文化的产生，因此不同国家的专业认证不应该全部一致。如我国的农学专业、经管类专业与师范类专业的认证，应根据我国本来国情去设定和实施，特别是师范类专业的专业认证更应该如此。在我国，多样的民族性导致不同地区的语言风俗习惯的产生，这就需要不同的老师对应不同类型的学生进行不同的教学引导。师范类专业主要是为了培养本土化的人才，为区域和本土服务。教师职业具有民族化、地区化的特点，这些特点使我国的专业认证应该不仅仅跟随着国际上的通用标准走，而应该结合本土化特点：即我国需要培养怎样的人才为出发点去培养老师，使中国师范类认证形成区域特性，在一定的区域内通行，甚至可以根据不同区域内的需求稍作改进，形成中国特色的本土化专业认证范式。

当然，专业认证的本土化也有不少问题需要思考。如不同专业在我国国内的培养目标是怎样的，是否与国外标准相一致，如果不一致需要根据什么地区或者区域进行本土化改造；如不同专业的学生在我国的就业发展是怎样的，要达到怎样的水平才能使学生达到要求，如何改革才能实现专业认证对学生未来就业竞争的要求；如师资队伍在数量与结构上是否符合中国本土化的专业认证的要求，专业认证的教师们应明确自身在本土化专业建设与教学质量提升中的角色责任，并不断学习与改进提升；专业认证的发展趋势是否与中国的相关发展战略相结合、相呼应，如何做到在符合国际水准的情况下又能与中国国情相结合；等等。

就如当年教育部学位与研究生教育发展中心组织开展的学科评估作为中国自创的评估工具，自2000年开始策划论证，从2002年至2004年推广使用开展第一轮评估，其第一轮学科评估的社会关注度也较低，参评学科数量十分有限。继而2006年至2008年，学位中心进行了第二轮学科评估，引发了媒体与社会的广泛关注渐渐被熟知。到后来2009

---

① 卢晶：《专业认证视角下的工程教育改革问题研究》，《黑龙江教育（高教研究与评估）》2018年第2期。

年至 2012 年的第三轮学科评估受到从政府到高校，从教育领域到社会各界、从国内到国外的普遍好评，学科评估排名对大学吸引优秀生源、提升科研教学水平、形象推广和国际合作等方面有着深远的影响，变得越来越被国内高校重视使用。而如今第四轮学科评估的十大创新点更是备受瞩目，这个过程也是十分漫长的。中国可以也应该去超越世界专业认证发展的步伐，形成一套自己的体系，在参考国际一流专业认证标准体系框架下，以国际质量的标准与规则制定中国的本土化专业认证体系，使中国的部分专业认证更具有中国自身的特色，符合中国国情，利于中国发展。通过开展专业认证来推动专业的发展，建设我国高校的一流本科专业，使更多拥有一流本科专业的高校有能力培养出一流人才，成为一流的大学。

也许不久的将来，国际上会有“一种新的声音”：以国际质量标准、规则制定的中国声音。中国的专业认证范式将会如同中国的学科评估体系一样逐渐得到国际的承认，形成自身的特色认证模式，为其他国家的专业认证本土化“打样板”，供其他国家参考。在中国高等教育专业认证体系成熟之时，也是我国从高等教育大国迈向高等教育强国历史性跨越之时。

第四章　国内学科评估的制度创新

第一节　学科制度的沿革

一　概念界定

学科是高等学校的基本单元，集师资队伍、人才培养、科学研究、社会服务为一体，是高校承担大学功能的基本载体，是实现高等教育内涵式发展的基本支撑。评价是学科内涵建设管理闭环的重要节点，科学评价学科内涵建设成效，对推动高校科学合理定位、准确把握学科发展态势、合理布局学科整体发展至关重要。

二　学科评估的发展历程

1985 年 5 月 27 日，中共中央发布《关于教育体制改革的决定》，首次提出要择优扶植一批重点学科。

1987 年 8 月 12 日，原国家教委发布《关于评选高等学校重点学科的暂行规定》，正式启动实施国家重点学科评选，这是学科评估在我国的最初试点和探索。①

1995 年 9 月 8 日，国务院学位委员会发出《关于按一级学科进行学位与研究生教育评估和按一级学科行使博士学位授予权审核试点工作的通知》，决定在数学、化学、力学、电工、计算机科学与技术等五个

---

① 包水梅：《我国学科评估制度的演变——基于制度变迁理论的分析》，《厦门大学学报》2019 年第 1 期。

比较成熟的一级学科进行选优评估工作和博士学位授予权审核工作。[①]

1998 年 11 月 20 日，国务院学位委员会与教育部决定建立“学位与研究生教育发展中心”（简称为“学位中心”），挂靠在清华大学，“学位中心”是教育部直属事业单位。[②]

随后，我国学科评估制度进入了全面发展期，重点学科评选、学科整体水平评估、学科合格评估叠加实施等共同较为全面地构成了我国学科评估制度体系。

首先是重点学科的评选，2001—2002 年，第二轮国家重点学科评选工作正式启动，共选出重点学科 964 个。[③] 2006—2007 年，第三次评选工作展开，共评选出一级学科 286 个，二级学科 677 个，国家重点（培育）学科 217 个。[④] 其次是一级学科整体水平评估全面展开。第一轮评估于 2002—2004 年分三次进行（每次评估部分学科），共有 229 个单位的 1366 个学科申请参评。第二轮评估于 2006—2008 年分两次进行，共有 331 个单位的 2369 个学科申请参评。第三轮评估在 95 个一级学科中进行（不含军事学门类），共有 391 个单位的 4235 个学科申请参评，比第二轮增长 79%。最后是学科合格评估制度正式确立。为完善我国学位与研究生教育质量保证机制，2005 年 4 月 22 日国务院学位委员会审议通过了《关于开展对博士、硕士学位授权点定期评估工作的几点意见》，决定自 2005 年起对博士、硕士学位授权点进行定期评估。[⑤]

2013 年 3 月 29 日，《关于深化研究生教育改革的意见》发布，这

① 王战军：《学位与研究生教育评价理论与方法》，《高等教育出版社》2012 年版，第 66 页。

② 《中国学位与研究生教育信息网学科评估》，2017 年 3 月 16 日，http://www.cdgdc.edu.cn/xwyyjsjyxx/xxsbdxz/276985.shtml，2019 年 10 月 1 日。

③ 《中国学位与研究生教育信息网学科评估》，2017 年 3 月 16 日，http://www.cdgdc.edu.cn/xwyyjsjyxx/xxsbdxz/276985.shtml，2019 年 10 月 1 日。

④ 《中国学位与研究生教育信息网学科评估》，2017 年 3 月 16 日，http://www.cdgdc.edu.cn/xwyyjsjyxx/xxsbdxz/276985.shtml，2019 年 10 月 1 日。

⑤ 《中国学位与研究生教育信息网学科评估》，2017 年 3 月 16 日，http://www.cdgdc.edu.cn/xwyyjsjyxx/xxsbdxz/276985.shtml，2019 年 10 月 1 日。

是深化中国研究生教育改革的重要文件，其中明确提出要完善外部质量监督体系，加强研究生教育质量评估，统筹学科评估。①

2015年10月，国务院印发《关于统筹推进世界一流大学和一流学科建设总体方案的通知》，提出坚持以中国特色、世界一流为核心，加快建成一批世界一流大学和一流学科。在此背景下，突出中国特色和优势，构建中国特色的学科评估体系，成为我国高等教育内涵发展的基本要求。②

2016年，第四轮评估在95个一级学科范围内开展（不含军事学门类等16个学科），共有513个单位的7449个学科参评，比第三轮增长76%，全国高校具有博士学位授予权的学科有94%申请参评。③

第二节　学科评估制度的演进

一　制度设计的基础

（一）学科评估的目的

一是服务大局。贯彻落实国家研究生教育发展方针，展示我国学科发展成就，建立学科评价的中国标准和中国模式，服务研究生教育“提高质量、优化结构、鼓励特色、内涵发展”的大局。二是服务高校。通过对学科建设成效和质量的评估，帮助高校了解学科优势与不足和发展过程中不平衡不充分的情况，促进学科内涵建设，提高学科水平和人才培养质量。三是服务社会。满足社会对教育质量的知情需求，为社会各界了解和分析学科水平与质量信息提供服务。

（二）参评规则与参评情况

学科评估始终坚持“自愿申请、免费参评”原则，各单位具有博

---

① 教育部：《教育部国家发展改革委财政部关于深化研究生教育改革的意见》，2013年3月29日，http：//old.moe.gov.cn/publicfiles/business/htmlfiles/moe/A22_zcwj/201307/154118.html，2019年10月1日。

② 黄宝印、林梦泉、任超等：《努力构建中国特色国际影响的学科评估体系》，《中国高等教育》2018年第1期。

③ 《中国学位与研究生教育信息网学科评估》，2017年3月16日，http：//www.cdgdc.edu.cn/xwyyjsjyxx/xxsbdxz/276985.shtml，2019年10月1日。

士或硕士学位授予权的一级学科（含一级学科和二级学科授权），均可申请参评。为了真实反映各单位学科发展水平，基于参评单位形成的共识，第四轮评估采用了“绑定参评”规则，即同一学科门类满足参评条件的学科须同时申请参评或均不参评（仅有“硕士二级”授权的一级学科除外）。

学科评估平均四年开展一次。第一轮评估于2002—2004年分3次进行（每次评估部分学科），共有229个单位的1366个学科参评。第二轮评估于2006—2008年分2次进行，共有331个单位的2369个学科参评。第三轮评估于2012年进行，共有391个单位的4235个学科参评。第四轮评估于2016年在95个一级学科范围内开展（不含军事学门类等16个学科），共有513个单位的7449个学科参评（比第三轮增长76%），全国高校具有博士学位授予权的学科有94%申请参评。

二　实施评估的基本流程

以第四次学科评估为例，为保证“严谨规范、公开透明”，按照评估邀请函的基本约定，按以下程序进行评估和结果统计。

（一）信息采集

信息采集包括“公共数据采集”和“单位材料报送”两个环节。学位中心在评估工作启动前通过国家自然科学基金委等有关部门和第三方数据提供商等获取公共数据；再通过参评学科严格按照数据填报标准提供其他评估信息。

（二）信息核实与公示

评估信息真实性是结果可靠性的重要保障。学位中心通过四个步骤核实相关信息：一是通过证明材料核查、公共数据比对、重复数据筛查等举措，对申报信息进行全面核查；二是在确保国家信息安全的前提下对部分材料进行网上公示，接受同行监督；三是将核查结果与公示异议反馈给各单位进行核实确认；四是对重点数据进行抽查，对发现问题较多的高校加大抽查核实力度。

（三）主观评价

主观评价包括问卷调查、专家评议和声誉调查三部分。一是对学生和用人单位进行大规模网络问卷调查；二是邀请同行专家对“师资队伍质量”“优秀在校生”“优秀毕业生”“学术论文质量”“社会服务贡献”等主观指标进行“基于客观事实的主观评价”；三是邀请同行专家和行业企业专家进行学科声誉调查，同时还首次邀请海外同行专家对数学、物理、化学、机械工程、计算机科学与技术、材料科学与工程等6个学科试点进行国际声誉调查。本次评估共有13000多名同行专家、23万学生和15万用人单位联系人参与了主观评价。

（四）权重确定

学位中心采用专家法和德尔斐法相结合的方法，遵循严格的程序分“三步走”确定指标权重。第一步，学位中心参考上轮指标权重和本轮评估改革理念，形成指标权重设定基本考虑和权重“初值”；第二步，召开专家研讨会，确定指标权重设定原则和权重“参考值”；第三步，在每个参评学科至少挑选一位专家（实际邀请专家近9000名），根据权重设置原则和“参考值”给出各自的建议权重，学位中心通过求平均得到95个学科的最终权重。

（五）结果产生

学科评估采用“客观评价与主观评价相结合”的指标体系。一是客观指标，经数据全面核查和修订后，按照“线性规划法”计算得到各末级指标得分。对于专任教师数、授予学位数等规模指标设置上限，达到上限值则得分相同；对于省级奖励，将不同省市的设奖总数与研究生培养规模进行标准化处理。二是主观指标，分别邀请同行专家与行业专家、在校学生、用人单位对不同指标分别进行评价，得到各级指标分数。然后再根据指标权重加权得出二级指标、一级指标和整体水平得分。

（六）结果公布

第四轮评估结果按照“精准计算、分档呈现”的原则公布。根据“学科整体水平得分”的位次百分位，将排位前70%的学科分为9档公布：前2%（或前2名）为A+，2%～5%为A（不含2%，下同），5%～10%为A-，10%～20%为B+，20%～30%为B，30%～40%为B-，40%～50%为C+，50%～60%为C，60%～70%为C-。考虑到科研院所等单位的特殊性，按惯例仍与高校评估结果分别呈现。同时，首次对外公布我国学科建设主要成就，以展示党的十八大以来我国学科建设的蓬勃发展。

为促进高校全面了解学科建设整体情况，本轮评估首次为参评高校提供“学科优秀率”（A类学科占全校博士硕士授权学科数的比例），以帮助学校发现学科布局问题，警示“摊大饼”式盲目扩张。

（七）咨询服务

通过学科评估，学位中心建立了我国目前最精准、最完备的学科大数据库，体现了我国学科建设的重大进步，特别是党的十八大以来取得的巨大成就。学位中心将按评估初衷进行多类型、深层次的数据挖掘，为各级政府、参评单位提供多元化的学科分析研究报告，统计学科核心指数，揭示学科发展规律，展现学科发展成就，为促进学科内涵建设提供服务。

三　评估指标的依据与修订

表4—1　四轮学科评估指标对比（学术队伍）

学科评估轮数	一级指标	二级指标	三级指标
第一轮	学术队伍	博士学位教师人数	
		硕士学位教师人数	
		院士人数	
		长江学者人数	
第二轮	学术队伍	教师情况	专职教师及研究人员总数
			具有博士学位人员占专职教师及研究人员比例
		专家情况	中国科学院、工程院院士数
			长江学者、国家杰出青年基金获得者数
			百千万人才工程一二层次入选者、教育部跨世纪人才、新世纪人才数

续表

学科评估轮数	一级指标	二级指标	三级指标
第三轮	师资队伍与资源	专家团队情况	院士、千人计划入选者、长江学者、国家杰出青年科学基金获得者、百千万人才工程国家级人选、国家级教学名师、马工程首席专家、国家四个一批人才、教育部新世纪人才，以及国家自然基金委创新群体、教育部创新团队；体育学科还包括规定范围内的优秀运动员、教练员、裁判员
		生师比	博士、硕士授权学科分别考虑
		专职教师情况（设置上限）	本学科专职教师和研究人员总数
		重点学科、重点实验室情况	国家级及省部级重点实验室、基地、中心情况
			国家重点学科及省级重点学科情况
第四轮	师资队伍与资源	师资质量	提供师资队伍的年龄结构、学历结构、学缘结构、职称结构、海外经历等基本情况；提供20名骨干教师（其中青年教师不少于6名）情况（年龄、学科方向、学术头衔、学术兼职等情况）和团队情况，由专家对师资队伍的水平、结构、国际化情况等进行综合评价
		师资数量	本学科专任教师总数。此指标设置“上限”，超过“上限”均为满分

注：资料来源：中国学位与研究生教育信息网

在第一次学科评估中，“学术队伍”一级指标下包括“博士学位教师人数”“硕士学位教师人数”“院士人数”“长江学者人数”4个二级指标，只是从数量多少的角度来衡量学术队伍的建设水平。

在第二轮学科评估中，“学术队伍”一级指标下增设了“国家杰出青年基金获得者数”、“百千万人才一二层次入选者”及“教育部跨世纪人才”、“新世纪人才”三级指标，强调了中青年专家在学术队伍中的作用。

在第三轮学科评估中，“师资队伍与资源”一级指标下增设了“重点学科、重点实验室情况”和“生师比”二级指标，并首次对“专职教师情况”这一指标设置了数量上限，克服了以往评估中单纯追求规模的倾向，在“比总量”和“比人均”之间找到“比质量”这个平衡点。

在第四轮学科评估中，“师资队伍与资源”一级指标下，增设了“师资质量”二级指标，着力构建“代表性骨干教师”和“师资队伍结构”相结合的师资队伍评价方法，由专家综合考虑教师水平、队伍结构、国际影响程度等进行评价。不再直接“数帽子”“论牌子”，而是重点考察科研团队的结构质量。此外，本轮评估还将青年骨干教师单列，鼓励学科支持青年教师学者的成长。

表4—2　　四轮学科评估指标对比（科学研究）

学科评估轮数	一级指标	二级指标	三级指标
第一轮	科学研究	科研条件	国家重点学科数
			国家重点实验室数
			国防重点实验室数
			国家工程研究中心数
		获奖情况	国家一、二等奖数
			省部级一、二等奖数
		发表学术论文情况	人均核心期刊论文数
			人均 SCI，EI 收录数
			人均三年纵向经费数
		科研项目情况	国家重大科研经费数
			省部级重大科研经费数

续表

学科评估轮数	一级指标	二级指标	三级指标
第二轮	科学研究	科研基础	国家重点学科、国家重点实验室、国防科技重点实验室、国家工程技术研究中心、国家工程研究中心、教育部人文社科基地数
			省部级重点学科、省部级重点实验室、省级人文社科基地数
		获奖专利	获国家三大奖、教育部高校人文社科优秀成果奖数
			获发明专利数（仅对“工学、农学、医学”门类）
		论文专著	CSCD或CSSCI收录论文数
			人均CSCD或CSSCI收录论文数
			SCI、SSCI、AHCI、EI及MEDLINE收录论文数
			人均SCI、SSCI、AHCI、EI及MEDLINE收录论文数
			出版学术专著数
		科研项目	境内国家级科研项目经费
			境外合作科研项目经费
			境内国家级及境外合作科研项目数
			人均科研经费

续表

学科评估轮数	一级指标	二级指标	三级指标
第三轮	科学研究水平	代表性学术论文质量	国内、国外收录的代表性学术论文的他引次数及 ESI 高被引论文情况
			提供规定篇数的高水平学术论文由专家进行主观评价
			在 SSCI、AHCI 及 CSSCI、CSCD 期刊上人均发表的学术论文数（仅对人文社科类、管理门类与艺术门类）；计算机 A 类论文数（仅对计算机类）
		科学研究获奖情况	国家自然科学奖、技术发明奖、科技进步奖
			教育部高校科研成果奖（科学技术、人文社科）
			省级自然科学奖、技术发明奖、科技进步奖，省级哲学人文社科奖
		出版学术专著或转化成果专利情况	学术专著仅统计“著”的情况，不含编著、译著等
			专利仅统计已转化或应用的发明专利与国防专利，需提供相关证明
		代表性科研项目情况	973 计划、863 计划、支撑计划等科技部项目，国家自然科学基金，国家社科基金，全国教育科学规划课题
			教育部社科基金、国家清史纂修工程项目、全国高校古委会项目
			其他省部级项目（省人文社科、哲学社科基金，省自然科学基金等）
			30 项其他重要科研项目（如横向项目）情况
		艺术创作水平（仅对艺术门类学科）	代表性艺术创作成果，由学科专家进行主观评价
		建筑设计水平（仅对建筑类学科）	设计作品获得国际、国内重要奖项情况

续表

学科评估轮数	一级指标	二级指标	三级指标
第四轮	科学研究水平	科研成果	学术论文质量 1. 在A类期刊上发表的论文； 2. 其他20篇高水平论文（国内期刊论文不少于8篇，每位教师最多填写5篇），由专家参考论文引用、期刊档次等情况对论文的实际水平进行评价
			近四年出版的学术专著（包括著、译著、编著）；入选国家社科文库或被翻译为外文的专著加分
			近四年出版的“十二五”国家级规划教材
		科研获奖	教育部高校科研成果奖（人文社科）；省级科研获奖、国家民委民族问题研究成果奖
		科研项目	国家社会科学基金、全国教育科学规划课题、国家自然科学基金、国家软科学研究计划、教育部人文社会科学研究项目、全国高校古委会项目、国家清史纂修工程项目；省部级及重要横向科研项目（限填30项）

资料来源：中国学位与研究生教育信息网

在第一轮学科评估中，“科学研究”一级指标包含“科研条件”“获奖情况”“发表学术论文情况”“科研项目情况”4个二级指标。

在第二轮学科评估中，“科研基础”二级指标下增设了部分省级基地及省级奖励指标，增强了评估结果的区分度；在“获奖专利”二级指标下增设了对“工学、农学、医学”门类的获发明专利数，加强了学科特色建设；在“论文专著”二级指标下增设了“出版学术专著数”。

第三轮学科评估首次采用“定量与定性、质量与数量、国内与国外”

相结合的"多维度学术论文评价"方法。"代表性学术论文质量"二级指标下增设了"国内国外收录的代表性学术论文的他引次数及ESI高被引论文情况"三级指标，和"提供规定篇数的高水平学术论文由专家进行主观评价"指标，坚持客观评价和主观评价相结合的方法，改变了以论文数单一指标评价学术论文的做法，创立了学术论文评价的新文化。除此之外，对艺术类、建筑类学科增设了"艺术创作水平""建筑设计水平"特色指标，鼓励不同学科办出特色，克服评估趋同导向。

在第四轮学科评估中，评估指标继续淡化论文数量，强化论文质量。除部分学科外，不再统计发表论文总数。"科研成果"二级指标下增设了"在A类期刊上发表的论文"三级指标，这些论文中包含一定比例的中文期刊，强调中文期刊在评价中的重要作用。同时"科研成果"二级指标下增设了"出版教材"二级指标，首次把教材编写纳入科研成果中，目的是鼓励教师参与编写高质量教材，提升基础教育的质量。

表4—3　　四轮学科评估指标对比（人才培养）

学科评估轮数	一级指标	二级指标	三级指标
第一轮	人才培养	获国家教学成果奖情况	特等奖数
			一等奖数
			二等奖数
		学生情况	授予博士学位数
			授予硕士学位数
		三年研究生人均发表论文数	攻读学位的留学生数
			三年研究生人均发表论文数
		攻读学位的留学生数	全国优秀博士论文数
第二轮	人才培养	奖励情况	获国家优秀教学成果奖数
			获全国优秀博士学位论文及提名论文数
		学生情况	授予博士学位数
			授予硕士学位数
			目前在校攻读博士、硕士学位的留学生数

续表

学科评估轮数	一级指标	二级指标	三级指标
第三轮	人才培养	教学与教材质量	国家级和省级优秀教学成果奖
			国家级规划教材与精品教材情况
			优秀案例情况（仅对工商管理学科）
		学位论文质量	全国优秀博士学位论文入选论文与提名论文数，及计算机学会优秀博士论文数（仅对计算机学科）或MPA优秀专业硕士学位论文数（仅对公共管理学科）
			全国博士学位论文抽检情况
		学生国际交流情况	授予学位的境外留学生人数情况
			派出境外交流（时间需超过规定时限）的学生情况
		学生体育比赛获奖（仅对体育学科）	在校学生在校期间，获世界比赛、全国比赛单项前三名或团体前六名的奖项数
		优秀在校生及毕业生情况	提供规定数量的优秀在校学生及毕业生，由学科专家及用人单位进行主观评价
		授予学位数（设上限）	授予博士、硕士学位人数

续表

学科评估轮数	一级指标	二级指标	三级指标
第四轮	人才培养	培养过程质量	课程教学质量 1. 国家级教学成果奖、研究生教育成果奖、省级（按省做标准化处理）及军队教学成果奖；2. 国家级精品视频公开课、国家级精品资源共享课、教育部来华留学英语授课品牌课
			导师指导质量 对在校生进行问卷调查，考察导师对学生的指导情况
			学生国际交流 1. 赴境外学习交流连续超过 90 天的学生；2. 来华学习交流连续超过 90 天的境外学生（含授予学位学生）；3. 中外合作办学机构/项目质量
		在校生质量	学位论文质量
			优秀在校生 列举 15 名优秀在校生并简要介绍其主要在校成果（如参加竞赛获奖、参加重要科研项目、取得重要科研成果、创新创业成功、获得科研奖励或其他荣誉称号等），由专家进行评价
			授予学位数（设置上限）
		毕业生质量	优秀毕业生 提供近四年毕业生的总体就业情况（就业率、就业去向、就业质量等），并列举 20 名近十五年优秀博士、硕士毕业生，由专家进行评价
			用人单位评价 提供一定比例的毕业生及其工作单位联系方式，学位中心直接联系其所在部门联系人进行网上问卷调查，对毕业生的职业胜任力、职业道德、满意度等进行评价

资料来源：中国学位与研究生教育信息网

第一轮学科评估中，“人才培养”一级指标包括“获国家教学成果奖情况”“学生情况”“三年研究生人均发表论文数”“攻读学位的留学生数”4个二级指标。

第二轮学科评估中，去掉了“三年研究生人均发表论文数”这一二级指标，淡化只关注数量的评价方式。

第三轮学科评估中，在“人才培养”一级指标下，新增“学生国际交流情况”二级指标，鼓励对学生培养的投入；同时增设“优秀在校生及毕业生”二级指标，关注用人单位对“学生毕业后质量跟踪评价”，注重在校培养质量与毕业后发展质量相结合的评价理念。首次引入“全国博士学位论文抽检情况”指标，促进博士学位论文质量全面提高。

第四轮学科评估，在“人才培养质量”一级指标下，着力构建“培养过程质量”“在校生质量”“毕业生质量”三维度的人才培养质量评价方法。在“毕业生质量”二级指标下，延续第三轮由专家对毕业生进行评价的基础上，首次引入“用人单位评价”，对毕业生所在部门联系人进行网上问卷调查，对毕业生的职业胜任力、职业道德、满意度等进行评价。将教学质量和毕业生质量的评价话语权拓展到教育系统之外；在“培养过程质量”二级指标下首次引入“导师指导质量”指标，从学生的角度考察导师的指导情况。

表4—4　　四轮学科评估指标对比（学术声誉）

学科评估轮数	一级指标	二级指标	三级指标
第一轮	学术声誉		
第二轮	学术声誉		
第三轮	学科声誉	学科声誉（含学术声誉、社会贡献、学术道德等）	由同行专家和行业人士根据学科的学术声誉、社会贡献、学术道德等印象，参考学科简介，做出主观评价

续表

学科评估轮数	一级指标	二级指标	三级指标
第四轮	社会服务与学科声誉	社会服务贡献	社会服务特色与贡献 提供学科在社会服务方面的主要贡献及典型案例，包括但不限于：弘扬优秀文化，促进社会精神文明建设；举办重要学术会议，创办学术期刊，引领学术发展；推进科学普及，承担社会公共服务；发挥智库作用，为制定政策法规、发展规划、行业标准提供咨询建议并获得采纳等。由同行专家进行评价
		学科声誉	学科声誉 同行和行业专家参考学科简介（包括本学科的定位与目标、优势与特色、人才培养目标、学科方向设置、国内外影响等），对学术声誉和学术道德等进行评价

资料来源：中国学位与研究生教育信息网

第一轮学科评估中，在“学科声誉”一级指标下，主要特色是设置了“学术声誉”指标。

第二轮学科评估中，在“学术声誉”这一指标中，除聘请同行专家外，首次较大规模地聘请了对学科学术影响有所了解的代表社会评价的专家，包括百所重点高中校长、国家自然科学基金委学科主任等。专家范围的扩展，进一步提高声誉调查结果的科学性和可信度。

第三轮学科评估中，除了“学术声誉”，还增加了“社会贡献”和“学术道德”等内涵，邀请大量行业和企业人士及所有参评单位本学科专家对学科的社会声誉进行全面评价，形成了“崇尚创新、重视质量、社会参与”的科研评价新模式。

第四轮学科评估中，在“社会服务和学科声誉”一级指标下，首次单独设置“社会服务贡献”指标，通过同行专家评价，综合考察本学科社会服务贡献的总体情况和“代表性案例”，引导学科建设更加关注服务国家和地区经济社会发展的实际贡献。通过开放性的典型案例评价，能够充分体现和肯定不同地区、不同类型高校的差异性发展成果，克服“一把尺”评价的弊端。

从第一轮学科评估到第四轮学科评估，评价体系得到了不断完善和发展，充分展示了我国学科建设的显著进展，对促进高校学科建设和高等教育事业持续健康发展具有重要的推动作用。

这里对评价体系较为完善的第四次学科评估进行探讨。第四轮学科评估深入贯彻落实党的十八大精神和习近平新时代中国特色社会主义思想，根据国家关于高等教育改革发展的总体部署和研究生教育综合改革的总体要求，以服务需求、提高质量为主线，以改革创新、追求卓越为动力，按照“质量、成效、特色、分类”的指导原则，按照“人才为先、质量为要、中国特色、国际影响”的价值导向，广泛调研、深入研究，充分依托广大专家，大范围听取意见，坚持继承基础上的创新，坚持改革基础上的发展，努力建立中国特色的学科评估标准和评估方法，努力建立国际影响的中国评价标准和评价体系。第四轮学科评估在继承前三轮评估经验的基础上，经充分研究论证，对指标体系、评估方法及结果发布方式进行了重大改进。

第一，更加突出了育人为本，重视人才培养的质量。在第四次学科评估中，着力构建“培养过程质量”“在校生质量”“毕业生质量”三维度的人才培养质量评价方法。从学生的角度考察导师对学生的指导情况。同时，增加了用人单位的评价。将人才培养质量的话语权夸大到教育系统之外，关注高校培养学生的社会认可度和学用契合度。第二，淡化条件资源，突出成效产出。克服“数牌子”的弊端，进一步淡化重点实验室、研究基地、中心、平台等的规模数量。重点强调“牌子”的建设成果和成效，引导学科内涵发展和质量追求。第三，改进师资评价，强调团队建设。克服以往单一的“以学术头衔评价学术水平”的片面性，改由列举“代表性骨干教师”由专家对师资队伍的水平、结构、国际化情况和可持续发展能力进行综合评价。不再直接“数帽子”“论牌子”，而是重点考察科研团队的结构质量。此外，本轮评估还将青年骨干教师单列，考察青年教师队伍怎么样，年龄梯次结构怎么样，避免以前学科队伍中时常出现的“大树底下不长草”的现象，鼓励学科支持青年教师学者的成长。第四，界定人事关系，明确成果归属。明确教师和成果的单位归属，教师按照人事关系确定，成果按照“署名单位或产权单位”划分。同时，鼓励学科之间交叉合作，“跨学科”合作取得的成果，可以同时在相关多个学科填写；同一参与者在不同学科取得的成果也可以分别填写在不同学科。第五，优化科研评估，完善论文评价。学术论文情况是国内外大学学科评价的常用指标，但考察单一性的定量指标（如 SCI、ESI 论文数量），不能全面反映论文质量，甚至容易产生误导。分析国内外体系利弊，本轮评估首创“质量与数量、客观与主观、国内与国外”三结合的论文评价方法，树立论文评价的“中国标准”。改进 ESI 高被引论文的统计方法，尝试打造“中国版 ESI”，力图推动建立中国在论文评价上的话语权。继续采用“代表性论文”评价方法，同时增加考察“结构质量”，限定每位教师只能填写一定数量的代表性论文。同时，落实 2015 年国家五部委关于“扶持优秀中文期刊”有关精神，要求“代表性论文”一定比例来自中文期刊。第六，鼓励特色发展，丰富社会评价。增设“社会服务特色与贡献”指标，以填报“代表性案例”的方式，引导学科建设瞄准需求，解决问题，努力为经济社会发展服务。第七，细化指标体系，强化分类评估。将人文学科与社会科学学科分列，将理学、工学、农学、医学分列，指标体系由三轮时的 7 类拓展到 9 类，以体现学科特色。每个一级学科采用独立的权重体系，共设置 95 套权重，进一步体现学科特色。第八，科学设置规则，实行绑定参评。进一步解决申报材料不合理整合问题，防止拼凑材料，采取了按学科门类“绑定参评”的规则，即“同一门类下具有硕士一级授权及以上的学科要参评同时参评，不参评都不参评”，从而有效抑制了相近学科材料不合理整合现象，最大限度地保证申报材料真实准确反映学科建设的实际情况。同时实施“绑定参评”，在对全国 400 多所硕士及以上研究生培养单位进行了两轮网络问卷调查基础上，形成“绑定参评”工作方式。第九，创新发布方式，重视客观效果。按照“精准计算，分档量现”的原则发布评估结果。

引导参评单位重点关注学科建设的内涵变化。第十，强化后期服务，用好评估结果。为中央和地方教育行政主管部门，学位授予单位，参评学科按照“自愿定制，有偿服务”的原则提供各级各类学科发展水平质量监测报告。

四 评估结果的使用

表4—5 北京A类学科汇总

	A+	A-	A-	总数		A+	A	A-	总数
清华大学	21	8	8	37	中国农业大学	6	1	2	9
中国人民大学	9	2	3	14	中央财经大学	1	0	1	2
北京航空航天大学	4	3	7	14	中央美术学院	1	1	0	2
北京师范大学	6	2	7	15	北京科技大学	2	1	0	3
北京大学	21	11	3	35	北京邮电大学	1	1	1	3
北京理工大学	1	2	6	9	中国传媒大学	2	0	2	4
中央民族大学	1	0	0	1	北京工业大学	0	1	1	2
北京中医药大学	2	0	0	2	北京化工大学	0	1	1	2
对外经济贸易大学	0	2	2	4	北京林业大学	2	0	0	2
中央戏剧学院	1	0	0	1	首都医科大学	0	0	2	0
北京体育大学	0	1	0	1	中央音乐学院	0	1	0	1
北京舞蹈学院	1	0	0	1	中国政法大学	0	1	0	1
北京交通大学	4	1	0	5	首都师范大学	5	0	0	5
北京协和医学院	1	2	1	4	中国矿业大学	2	2	0	4
北京科技大学	0	2	1	3	北京邮电大学	1	1	1	3
中国美术学院	0	2	1	3	中国石油大学	1	2	0	3
中国地质大学	0	2	0	2	北京林业大学	0	2	0	2

来源：搜狐新闻　高校A类学科数量及排名

第四轮学科评估恰逢推进“双一流”建设，以北京高校为例，在第四轮学科评估中，评估结果为A类学科的大学一共有34所。从表中我们可以看到，清华大学、北京大学、北京师范大学、中国人民大学、北京航空航天大学、中国农业大学、北京理工大学的 A 类学科总数排在前 7 位，而这 7 所高校也进入了“双一流”建设高校的名单，在北京地区“双一流”建设高校名单和第四次学科评估结果基本重合。

“双一流”建设高校是以一流学科为导向的。优质学科越多，成为“双一流”建设高校的可能性也就越大。而学科评估的结果在一定程度上为“双一流”的学科建设提供了一个参考，使得高校更好地做到以评促建，提升学科发展质量。从这个意义上讲，第四次学科评估对“双一流”高校和学科建设的遴选具有重要意义。

第三节 思考与展望

一 存在的问题

（一）对于评估结果的思考

对于学校来说，应协调弱势学科发展。由于学科结果与财政经费和招生指标等办学资源挂钩，许多高校领导为了在学科评估中取得好成绩，盲目、机械地削弱甚至裁剪评估结果不佳的学科。基于生态学原理，当生态系统处于平衡时，系统内部的生物与环境之间，会呈现出相互适应的状态，在较长的时间段内保持相对稳定，当这种平衡被打破时，生态系统将会出现不平衡的现象。同样，在高等教育生态系统中，各个学科之间存在千丝万缕的联系，高校盲目裁撤弱势学科这一行为，既打破了学科群的协调性，也没有遵从教育生态的既定规律，人为干扰了生态阈限，会致使教育生态的自我调节修复能力下降，极易破坏高等教育平衡状态，造成高等教育的生态危机。西北师范大学副校长万明钢教授就曾撰文指出：“大学中多学科的存在、学科之间的差异恰恰构成了大学内部的学科群落，多样性、差异性才会带来协同、互补、融合与竞争，有比较，就有差异，高校切莫过于被评估‘牵着走’，应立足于自身实际与社会需求，统筹学科发展。”

对于政府来说，应该谨慎对待学科评估的结果。一方面，如果政府不以评估结果为高校绩效考核的依据，完全不与高校的办学资源挂钩，会打击参评学校和评估相关工作人员的积极性，评估结果“以评促建”

的效果也会大打折扣。另一方面，如果政府仅以学科评估结果进行高等教育资源配置，那势必导致学科发展带来“马太效应”。因此，政府应根据区域发展需要合理地以评估结果为参照，以高校资源配置为手段，协调各学科的发展。在第四轮学科评估中，评估结果按照“精准计算、分档呈现”的原则公布，一定程度上淡化了排名结果。还应设立准入门槛和分级制度，只要超过既定门槛就可以按等级获取办学资源。同时，要设立相关的监督机构和专家评审机构，对资源分配、使用做出合理的规划。

（二）对于人才培养质量的思考

在高校中，教师的大部分精力都放在科研上，国家和社会对于科研成果的关注度也更高，与科学研究的产出相比，人才培养的质量较难量化。针对“培养人才”这一高等教育基本职能没有被重视起来的现状，在第四次学科评估中，着力构建“培养过程质量”“在校生质量”“毕业生质量”三维度的人才培养质量评价方法，相比前三轮学科评估，更注重人才培养的质量。但是细看二、三级指标，是否真的能作为提高人才培养的质量的标准，还有待商榷。在英国泰晤士 THE 的评分指标中，“雇主评价衡量毕业生的质量”的权重高达10%；在英国 QS 的评分体系中，“雇主评价毕业生声誉”的权重因学科而异，一般在5% ~ 30%；在美国的 USNews 评分指标中，“教学与毕业生质量的指标比重”累计达到50%以上。显然在国外的排行榜中，培养学生的质量占了很大的比重。[①] 然而，我国在第四轮学科评估中，才首次把用人单位评价作为试点提出。同时在研究生阶段，更应注重培养学生的创新能力和创新思维。而在三级指标中“国家级精品视频公开课”“国家级精品资源共享课”等显然还是以教师满堂灌的传授基础知识为主，是否能作为衡量研究生的培养质量不得而知。

（三）对于评估特色的思考

学科评估对所有高校采用统一标准进行评估，忽略了不同高校的师资力量、科研项目、办学定位、规模结构存在的差异，例如研究型大学

① 张庆晓：《“双一流”建设的逻辑、困境及破解》，《江汉大学学报》2019年第2期。

把研究放在首位，培养高层次的人才与科技研发；应用型大学培养高素质技术人才。而现行学科评估的评价指标是按照研究型大学的评价标准制定的，以科研项目、科研获奖、论文发表情况等作为主要的评估指标，这对于应用型大学来说就失去了评估的意义，因为市场需要的是不同层次、不同规格的人才，而这种评估方式只会导致高校追求单一化、同质化发展，争走学术研究型的独木桥，失去自身的个性与特色，造成千校一面的后果。同时，"英国发展较为成熟的 RAE（科研评估检查）在 2008 年最后一轮评估时共分了 67 个学科分类。为了加强跨学科之间的交流合作研究，在改革过后的 REF（科研卓越评估框架中）中，大大减少评估学科的质量，但依然保留了 36 个学科"①。虽然在第四轮学科评估中，细化指标体系，强化分类评估，指标体系由三轮时的 7 类拓展到 9 类，但是显然分类层次是远远不够的，几乎所有的理工科指标相同，博士和硕士也没有不同的指标体系。

（四）对建设本土评估制度的思考

学科评估中国化是中国高等教育发展到一定阶段的必然产物。如果完全照搬国外的评估模式，既不利于全球高等教育评估制度的多样性，也不利于我国教育的文化自信。随着我国高校在 US News 世界大学排名、泰晤士高等教育世界大学排名及 QS 世界大学排名等大学排行榜的位次不断前移，办有中国特色学科评估的呼声也就越来越高。学科评估中国化应该把学科评估的基本理论同中国国情相结合，在高等教育全球化的背景下，找到适合中国本土的评估方式。

第四轮学科评估深入贯彻研究生教育综合改革精神，按照"人才为先、质量为要、中国特色、国际影响"的价值导向。为落实五部委文件关于"扶持优秀中文期刊"精神，专门设置了中文期刊发表论文指标，同时规定，"代表性论文"中必须包含一定比例的中文期刊，以提升中文期刊影响力，推动形成良性循环。第四轮学科评估设置"A 类期刊"，尽管这一打造学术论文评价引入中国元素提出中国标准的初

① 韦颜秋、李瑛：《全国高校学科评估的政策优化——基于问卷调查的分析》，《中国高校科技》2019 年第 7 期。

衷是无可非议的，但在遴选期刊的过程中出现问题，从而导致最终的期刊入围名单难以服众，最终不得不取消。

教育部宣称学位中心是第三方机构，但是大多高校都把学科评估看作政府主导的行为。面对政府的行政力量以及学科评估带来的资源配置，各个高校不得不“自愿参评”，对于拥有强势学科的高校会主动参评；而对于学科发展较弱的高校，为了防止破坏学校的声誉，往往不愿意参加评估。这样一来，学科评估似乎变成了一场“军备竞赛”。事实上，中国学科评估的背后是政府和高校的博弈，建设本土的评估方式，我们要思考如何正确处理政府高校和社会的关系。

二 展望

习近平总书记在2018年全国教育大会上明确指出：要深化教育体制机制改革，健全立德树人落实机制，扭转不科学的教育评价导向，坚决克服唯分数，唯升学，唯文凭，唯论文，唯帽子的顽瘴痼疾，从根本上解决教育评价指挥棒问题。紧接着在10月23日三部两院联合发文要求：科技部，教育部，人力资源和社会保障部，中国科学院，中国工程院《关于开展发布清理“唯论文、唯职称、唯学历、唯奖项”专项行动的通知》（以下简称《通知》）。随后在11月13日，教育部官网发出通知，决定在各有关高校开展“唯论文、唯帽子、唯职称、唯学历、唯奖项”专项清理。《通知》指出，清理的目的是扭转不科学的教育评价导向，执行代表作评价制度，注重标志性成果的质量、贡献。2019年教育部工作要点，第十七条要求，深化教育评价体系改革，推动构建更加科学有效的教育评价制度体系，着力破除教育评价中存在的“五唯”问题，促进党的教育方针、立德树人根本任务落实到教育的各阶段、各环节、各方面。

为全面贯彻落实习近平总书记关于教育的重要论述和全国教育大会精神，加快构建中国特色和国际影响的学科评价体系，教育部学位与研究生教育发展中心于2019年5月9日下午在北京召开“第五轮学科评估工作研讨会”。学位中心主任黄宝印指出，第五轮学科评估要坚决贯彻落实习近平总书记关于教育的重要论述和全国教育大会精神，以

"立德树人成效"为根本标准，以"质量、成效、特色、贡献"为价值导向，以"坚决破除四唯顽疾"为突破口，构建更具中国特色和国际影响的评价体系，助力新时代高等教育高质量内涵式发展。

同时，学科评估要坚持继承创新，要在保持原有"人才培养质量""师资队伍与资源""科学研究水平""社会服务贡献与学科声誉"四个一级指标体系框架基本稳定的基础上，在十个方面"进一步"改革创新：进一步强化价值导向和思想引领；进一步强化立德树人和人才培养质量；进一步强化师德师风；进一步强化社会服务贡献；进一步强化质量导向；进一步强化主观评价质量；进一步强化分类评价，特别是完善哲学社会科学学科评价体系；进一步强化中国特色与国际比较有机统一；进一步强化评估数据可靠性；进一步强化与相关机构合作。这为第五轮学科评估改革明确了方向。

第五章　高等教育质量保障的欧洲经验

本章从政策、研究与实践三个层面回顾了欧洲高等教育质量保障行动二十多年的发展历程。结论表明：欧洲质量保障模式具有典型的质量控制取向和民族国家中心特征，促进欧洲协调、提高区域竞争力和责任制是质量保障的基本功能；基于认证的多阶段评估程序是国家质量保障体系的主要机制，院校内部质量保障多采取整合的质量管理理念和模式，并发展了一个妥协性的认证机构注册元评估机制。目前，欧洲质量保障行动呈现出从质量控制转为质量改进、从外部审计转为院校质量管理为本、从单向责任制转为多方社会建构、从满足外部质量要求转向促进学生学习的改革动向。

责任制、质量与生产力是21世纪全球高等教育改革与发展的三个核心词。[①] 质量、质量保障无疑是其中最突出的主题，它不仅是一个国家高等教育政策的主要议题，而且成为一种国际行动。[②] 欧洲是世界高等教育发达区域，有最古老的大学机构和深厚的高等教育传统，但质量保障却是一个相对较新的事物。20世纪80年代中期，西欧一些国家最早建立了系统性的大学和课程评估程序，当时是一种基于院校、学术自主、零触式的质量保障模式。进入20世纪90年代末21世纪初，在当时特定的政治经济背景下，欧洲在博洛尼亚进程中全面借鉴了美国认证

① K. El Hassan, "Quality assurance in higher education in 20 MENA economies", *Higher Education Management and Policy*, Vol. 24, No. 2, November 2013, pp. 73 – 84.

② Kathia E. errano – Velarde, "Quality assurance in the european higher education area: The emergence of a german market for quality assurance agencies", *Higher Education Management and Policy*, Vol. 20, No. 3, January 2008, pp. 1 – 18.

模式，并在制度迁移的过程中与传统的大学价值与结构不断冲突、磨合、重塑，最终形成了基于认证的、控制取向的、民族国家中心的新型质量保障模式。本研究从政策、研究与实践三个层面回顾了欧洲二十多年来高等教育质量保障行动发生、发展的历程，分析了目前面临的挑战与改革方向，以期为探索和建立高等教育质量保障的中国模式提供借鉴。

第一节　作为一种政治价值的高等教育质量保障

质量保障具有地缘政治的意义，它们影响到一个国家的竞争力，甚至在全球知识经济体系中的地位。[①] 欧洲高等教育质量保障并不是源于高等教育体系自发、自觉的质量行动，而是植根于特定的政治经济背景。政治性因素是欧洲高等教育质量保障政策发展中的一个核心因素，或者说，欧洲质量保障运动具有强烈的政治意图。这不仅体现在质量保障议题的兴起源于政治经济的考量，而且整个发展过程也受到了多主体、多水平的政治因素的影响，国家的、政府间的、次国家的以及超国家层面的政治力量和行动纲领形成了一个相互竞争的政治角力系统，共同塑造了欧洲质量保障行动的政策框架。

一　促进欧洲彼此独立的社会系统的整合

“促进欧洲协调”（Harmonization of Europe）是欧洲高等教育质量保障行动一个强大的意识形态的改革前提。这一诉求是欧洲对政治、市场与社会等各个领域的全球化挑战的回应，也是对整个20世纪欧洲反复出现的危险、混乱与动荡的社会现实的反思。高等教育的欧洲协调是指一些超国家组织或者政府间组织（如欧盟）建立一些正式的、非正式的规则的制度化，这一制度化的过程也是建立整个欧洲规则的

---

① Blanco Ramírez, Gerardo, “International accreditation as global position taking: An empirical exploration of U. S. accreditation in Mexico”, *Higher Education*, Vol. 69, No. 3, March 2015, pp. 361 – 374.

过程，它会影响到国家高等教育体系（宏观）、大学机构（中观）以及个体行为（微观）。[①] 1999年博洛尼亚宣言正式启动了高等教育的欧洲整合行动，该宣言的宗旨即促进欧洲高等教育透明和协调。进入21世纪，高等教育欧洲化更加清晰。2003年欧洲教育部长柏林会议明确提出"质量以及质量保障是建立欧洲高等教育区域的核心"[②]。质量保障行动的"欧洲协调功能"意图通过两个方面实现：第一，从高等教育体系内部而言，质量保障可以提高欧洲各国复杂多样的学位和结构的透明度，促进国家之间、院校之间的高等教育合作和认可，建立统一的欧洲高等教育服务市场；第二，对高等教育与其他社会系统的关系而言，质量保障提供了外部机构介入高等教育的合法途径。质量保障促使高等教育机构向所有利益相关群体公布产出信息，这不仅使外界获得更多、更好的高等教育生产力的信息，而且促使高等教育机构与更大的社会系统的整合。[③] 高等教育机构不再是"象牙塔"内的自足系统，而是要以质量赢得外界信任、换取资源，由此促进不同功能的社会系统彼此互动和协调。尽管促进欧洲协调是欧洲质量保障行动的一个强烈的政治诉求，但是，高等教育的欧洲整合目标与各个民族国家的教育主权之间一直存在着难以调和的矛盾，这直接影响了高等教育欧洲化目标的实现。

二　提升欧洲在全球的经济和教育竞争力

"提升欧洲竞争力"（Competitiveness of Europe）是全球化背景下欧洲质量保障行动的又一个政治经济诉求。全球经济和教育的合作与竞争在塑造高等教育质量保障政策中扮演着非常重要的作用。在全球

① Martina Vukasovic, "Change of higher education in response to European pressures: conceptualization and operationalization of Europeanization of higher education", *High Education*, Vol. 66, No. 3, J September 2013, pp. 311 – 324.

② None, "Realizing the European Higher Education Area: Communique of the Conference of Ministers responsible for Higher Education in Berlin on 19 September, 2003" *European Education*, Vol. 36, No. 3, Fall2004. pp. 19 – 27.

③ Van Damme, D, "European approaches to quality assurance: Models, characteristics and challenges", *South African Journal of Higher Education*, Vol. 14, No. 2, January 2000, pp. 10 – 19.

化背景下，学生和学术资源跨国流动日益频繁，一个国家的高等教育机构希望在国际市场中具有一定的声誉和质量形象，这就促使高等教育机构愿意参加机构认证或者其他的质量保障形式，通过这种方式向世界显示自身的地位和声望，在全球性高等教育市场中吸引更多的资源。质量保障是增加一个国家高等教育质量的透明度和可比性的重要举措，也是提高一个国家或者区域的教育和经济的国际竞争力的重要途径。从个体层面看，评估和认证能够提高大学的教学、研究和管理的透明度，促使大学运作处于公众监督之下。在一个不断国际化的高等教育环境中，评估和认证既是赢得消费者信任的方式，也是保护消费者的一个强大工具①；从国家和区域层面看，欧盟作为一个超国家的国际性机构，一直致力于建立一个统一的欧洲劳动力市场并将（高等）教育看成为未来劳动力市场进行的培训。欧盟 2000 年提出“知识经济”的一个基本假设就是，通过对以前彼此独立的社会系统的部分整合，在经济发展与高等教育改革之间建立恰当联系，由此产生巨大的协同作用，使欧盟在全球经济竞争力中居于领先地位。提升欧洲区域的经济和教育的国际竞争力，成为质量保障行动的又一个强大的意识形态前提。

三　新自由主义政府治理的政治工具

“责任制”（Accountability of Institutions）是欧洲质量保障行动的又一个核心功能，也是各国政府在公共财政不断紧缩的情况下，建立高等教育新型治理方式的一个政治手段。20 世纪 90 年代，作为对苏联政治体系解体和东欧国家建立市场经济的回应，一些国际组织，如国际货币基金组织和世界银行非常强调将责任制作为有效治理的一个基本原则，将建立责任制体系视为促进经济转型和建立民主政治体系的决定性因素。从本质上看，建立责任制是新自由政府治理模式改革方案的一个政治技术，这一技术的关键在于设定一系列的准则和价值，外部规制机构

---

① Van Damme, D, “European approaches to quality assurance: Models, characteristics and challenges”, *South African Journal of Higher Education*, Vol. 14, No. 2, January 2000, pp. 10 - 19.

能对组织和个体的行为和能力进行合法的干预，从而以“远距离控制”的方式实现政治目标。[①] 这既是“放松规制”（de - regulation），也是一种“重新规制”（re - regulation），自主、绩效、评估、责任制是这场运动的关键词。新自由主义政府治理模式直接促生了“以自主换绩效”的高等教育治理改革。按照新公共管理运动的逻辑，政府放松对高等教育的管制，高等教育机构在战略规划、财政与人事等方面有更大的自主权；相应地，政府要求高等教育机构接受认证和评估，向公众承担更大的责任制。以责任制为诉求的高等教育改革很快获得了广泛的社会支持，即使是大学学术人员也很难公开反对责任制理念，这就为引入高等教育质量保障机制提供了合法性基础，直接促生了认证以及其他评估。[②] 通过责任制改革，政府既避免了承担高等教育责任而可能面对的更大的财政赤字，也以公共利益保护者的名义获得了对高等教育的“远距离控制”。质量保障机制所带来的高等教育责任制、透明和服务质量的改革理念完美地掩盖了政府控制高等教育的意图。[③] 质量保障行动成为欧洲国家试图控制高等教育、确保其标准化和同质化的一个政治工具。

第二节　作为一个研究领域的高等教育质量保障

欧洲高等教育质量保障的学术探讨要比政策行动早几年时间。20世纪80年代中期开始，一些欧洲国家，如比利时、丹麦、芬兰、挪威在一些专业性会议上开始探讨质量保障问题。1987年，院校研究欧洲协会（European Association for Institutional Research）正式将“质量保

① Cris Shore & Susan Wright, “Audit Culture and Anthropology: Neo - Liberalism in British Higher Education”, *The Journal of the Royal Anthropological Institute*, Vol. 5, No. 4, December 1999, pp. 557 - 575.

② Gerardo Blanco Ram ' | rez, “International accreditation as global position taking: an empirical exploration of U. S. accreditation in Mexico”, *Higher Education*, Vol. 69, No. 3, March 2015, pp. 361 - 374.

③ Hoecht, A, “Quality assurance in UK higher education: issues of trust, control, professional autonomy and accountability”, *Higher Education*, Vol. 51, No. 4, June 2006, pp. 541 - 563.

障”列为会议主题之一，1990年欧洲高等教育研究者联盟（Consortium of Higher Education Researchers）也召开了以“质量保障”为主题的年会，这两个专业性会议以质量保障为主题的年度探讨一直延续了整个90年代。实际上，到20世纪90年代中期，关于高等教育质量保障的讨论已经占据了欧洲高等教育学术研究的支配性地位。① 早期研究一般采取概念分析、理论推演的方式，探讨质量保障的概念框架和理论基础；随着质量保障实践逐渐展开，学界转向对于国家、院校质量保障模式与实施效果的报告与反思，多采用案例、访谈、问卷等实证研究方式。近几年，一个新的研究主题是关于质量保障行动的政治维度的分析。由此，形成了欧洲质量保障的理论的、技术的和政治的三种研究取向。

一　高等教育质量保障的“理想模型”

这一取向旨在为政府引入高等教育质量保障提供理论准备和观念框架，确立它的行动逻辑和合法性。欧洲高等教育质量保障行动有特定的政治经济诉求，主要功能是促进欧洲协调、提高国际竞争力和建立责任制，这些使命都超越了高等教育恪守的知识生产、传播与创新的功能，认证、评估对大学学术自主提出严峻挑战。高等教育治理变革的政治意图促生了对质量保障的需求，学界需要构建“理想模型”为质量保障的实施提供合法性基础。这类讨论主要有以下两类。

第一类是新公共管理运动中高等教育治理方式变革的讨论。新公共管理理论倡导市场导向的公共领域改革，鼓励竞争、放权、增加个体与机构的自主性、实施基于评估的结果控制。新公共管理运动促生了关于高等教育治理模式变革的讨论，基本理念是高等教育部门从管制向松绑，从无政府主义向有效率、有效益的方式组织研究和教育活动，从一个自足的社会系统向一个彼此联系的社会生产

① Don Houston, “Achievements and Consequences of Two Decades of Quality Assurance in Higher Education: A Personal View From the Edge”, *Quality in Higher Education*, Vol. 16, No. 2, June 2010, pp. 177 – 180.

体系转变。埃茨科维兹（H. Etzkowitz）1995年提出了高等教育治理的“三重螺旋”（trople helix）：国家放松对高等教育的管制，高等教育机构与经济领域进行创新性的互动，产业、政府和高等教育三者密切互动。[①] 显然，欧洲许多国家的政策制定者都采取了高等教育质量控制的“理想模式”。德国20世纪90年代中期以来高等教育改革的基本原则就是新公共管理理念，它促使德国大学向自由竞争、评估和质量控制转变；奥地利高等教育改革的关键词也是放松管理、分权化、有效规划、治理结构、灵活预算、清晰的责任界限、更加强有力的大学领导等。

第二类是新自由主义思想影响下高等教育提高个体可雇佣性以及经济和教育国际竞争力的讨论，这类讨论对高等教育持工具性立场。在这个框架下，从个体层面看，欧盟建立高等教育质量保障程序是将高等教育视为为劳动力市场做准备，尤其提升大学毕业生在劳动力市场中的可雇佣能力和自由流动，同时保护欧洲高等教育消费者的利益；从国家和跨国层面看，在知识经济、全球化背景下，高等教育机构承担着提高一个国家或区域的国际竞争力的使命，质量保障是促使高等教育现代化并满足这些需求的一个重要工具。

高等教育质量保障的“理想模型”为高等教育质量保障政策与实践奠定了理论基础，它激励了整个欧洲的政策制定者。但是，这些模型是纯理论立场的，与改革实践之间的关联甚微，甚至被认为是政治家的一个骗术。[②]

二　高等教育质量控制的“技术观点”

随着质量保障被广泛接受，研究越来越关注技术问题，研究焦点从“为什么”（why）转向“怎样做”（how）。90年代，研究者

① Leydesdorff, L., “The Triple Helix – University – Industry – Government Relations: A Laboratory for Knowledge Based Economic Development”, *EASST Review*, Vol. 14, No. 1, January 1995, pp. 14 – 19.

② Enders, Jürgen, and D. F. Westerheijden, “Quality assurance in the European policy arena”, *Policy and Society* Vol. 33, No. 3, October 2014, pp. 167 – 176.

热衷于引介美国的认证技术，欧美高等教育专业人员之间的学术交流和知识迁移是当时欧洲发展认证技术的最主要方式。这个时期各国质量保障实践报告比较少见，主要是一些质量保障手册和文本。1999年博洛尼亚宣言正式启动了高等教育欧洲整合的进程，2003年欧洲教育部长柏林会议明确宣称“质量保障是博洛尼亚进程的一个主要改革原则”，各国的政治家和实践者开始意识到质量保障机制比较零散、缺乏透明度，这不利于实现欧洲协调目标。于是，欧洲致力于发展一个欧洲委员会监管下的质量保障实践共同基准，结果就是各类高等教育研究者和组织发布了大量的各个国家的质量保障自我报告和系统性比较报告。这些质量保障“盘点报告”多采取案例形式，呈现了国家和机构层面上质量保障的具体程序、实施效果，以及各类模式的共同点与差异性，构成质量保障“技术取向”的研究主体。

第一类是关于国家质量保障程序的盘点报告（外部质量保障报告），这是受关注最多的方面。盘点报告比较一致的看法是：目前，外部质量保障程序已经不再受到抵制，质量保障的欧洲政策和国家政策、欧洲目标与国家历史、文化传统之间正在达成一致。① 多阶段的评估程序是最主要的质量保障工具，基本流程有内部评估（接受评估的机构或者课程部门分析自身的优势与弱点）、外部评估（同行评审人员对机构或者课程进行实地考察，撰写一份外部评估报告）、实施改进（机构或者课程执行外部评估报告的建议）。各个国家的质量保障机制有交叉、相似和普遍性的特征，但在具体程序上，如评估的本质（形成性的还是总结性的）、同行审查（同行的挑选、经验、培训和任务）、现场参观的组织和时间等，仍然存在巨大的差异。这些报告中不乏对目前质量保障程序的批评意见，专家挑选标准和学生参与是受批评最多的两个方面，如评估过程中缺少国际评审人员和明确的

① Enders, J., & Westerheijden, D. F, “The Bologna Process: From the national to the regional to the global and back”, in R. King, S. Marginson, & R. Naidoo, eds., *Handbook on globalization and higher education*, Cheltenham/Northampton, MA: Edward Elgar, 2011, p. 231.

评估标准[①]；学生的参与度非常低[②]。报告非常注重分析质量保障实施的结果与效果，结论十分混合：一方面，外部质量保障机制在许多国家证实是可靠的、被广泛接受的，它在提升质量意识、促进机构与社会沟通等方面取得积极效果[③]；另一方面，外部认证与评估也一直处于各种批评中，如它在财政和人事上的高成本以及评估之后缺乏改进效果跟踪[④]；评估满足了政策制定者们削减开支的目的，而将大学教授们置于外部控制之下[⑤]；高成本评估影响到对教与学的资源投入[⑥]；评估给学术人员造成过度负担，影响他们对教学与研究的关注[⑦]；等等。

第二类研究是院校或者课程部门质量保障盘点报告（内部质量保障报告）。与国家质量保障体系盘点报告相比，院校内部质量保障机制的研究要少得多。这类研究主要是围绕“院校质量管理”主题词，分析它的内涵、模式、取向及其适切性，其理论基础是多学科或跨学科的，既有高等教育研究成果，也吸取了社会学、心理学、管理学的研究成果。90年代的研究是将工商业背景的质量管理模式，如全面质量管理、卓越绩效质量管理模式引入高等教育机构。全面质量管理是高等教

① Schwarz, S., & Westerheijden, D. F, "Accreditation in the framework of evaluation activities: A comparative study in the European higher education area", *Kluwer Academic Publishers: Dordrecht*, 2004, p. 215.

② Noha Elassy, "A model of student involvement in the quality assurance system at institutional level", *Quality Assurance in Education*, Vol. 21, No. 2, April 2013, pp. 162 – 198.

③ Mala Singh, "Quality Assurance in Higher Education: Which Pasts to Build on, What Futures to Contemplate?" *Quality in Higher Education*, Vol. 16, No. 2, June 2010, pp. 189 – 194.

④ L. Bornmann & S. Mittaag & H. D. Daniel, "Quality assurance in higher education – meta – evaluation of multi – stage evaluation procedures in Germany", *Higher Education*, Vol. 52, No. 4, December 2006, pp. 687 – 709.

⑤ L. Bornmann & S. Mittaag & H. D. Daniel, "Quality assurance in higher education – meta – evaluation of multi – stage evaluation procedures in Germany", *Higher Education*, Vol. 52, No. 4, December 2006, pp. 687 – 709.

⑥ Cheng, M, "Academics' professionalism and quality mechanisms: Challenges and tensions", *Quality in Higher Education*, Vol. 15, No. 3, November 2009, pp. 193 – 205.

⑦ L. Bornmann & S. Mittaag & H. D. Daniel, "Quality assurance in higher education – meta – evaluation of multi – stage evaluation procedures in Germany", *Higher Education*, Vol. 52, No. 4, December 2006, pp. 687 – 709.

育机构的第一个质量管理模式，它引起许多关于这个模式在高等教育部门实施的适切性、教育和社会意义的讨论。[①] 此后，院校质量管理研究更多关注高等教育机构的特殊性，从高等教育背景出发探讨质量管理模式。一个典型的研究是布瑞耐（J. Brennan）等人发展的一个高等教育质量管理模式四分类框架，他们根据“质量价值取向”和“质量要素”将质量管理模式分为四类：学术取向、教学取向、管理取向和雇佣取向（表1）。[②] 马斯（W. F. Massy）建立了质量管理六领域模型，包括确立预期学习结果、课程设计、教与学的过程的设计、学生考试设计和考试结果的使用、实施质量、资源投入质量[③]；斯瑞坎赛（G. Srikanthan）等人运用组织学和教育学的理论，发展了一个“整体模式”，以学生的学习结果和深层次学习体验为核心，将改变性的、参与性的、学习的和反应性的质量管理模式融于一个框架中[④]。

第三类是高等教育外部评估机制的“元评估”研究。这类研究是对外部评估程序的元分析，一个典型的元评估研究是伯曼等人（L. Bornmann）以德国两个最有名的大学评估方案为例进行的元研究，研究问题包括：评估程序中哪些做法最有效，评审人员和被评大学或者课程对评估的满意度有多大，评估程序实现目标的程度，被评机构对评估排名的态度，大学评估结果在多大程度上与经费资助挂钩？评审团的挑选标准以及评审人员工作绩效，根据评估建议作出改进的程度有多大，结论认为，整体上而言，评估方案是被大学接受的，双方对多阶段的评估程序感到满意，能够实现质量保障和改进的目标。但也

① Stensaker, B, “Outcomes of quality assurance: A discussion of knowledge, methodology and validity”, *Quality in Higher Education*, Vol. 14, No. 1, May 2008, pp. 3 – 13.

② J. Brennan and Tarla Shah, “Managing Quality in Higher Education: An International Perspective on Institutional Assessment and Change”, *Higher Education*, Vol. 42, No. 4, January 2000, pp. 515 – 516.

③ Massy W. F., “Markets in higher education: Do they promote internal efficiency?”, in Teixeira P., Jongbloed B., Dill D., Amaral A, eds., *Markets in Higer Education*. Springer, Dordrecht, 2004, pp. 13 – 35.

④ G. Srikanthan & John F. Dalrymple, “Developing a Holistic Model for Quality in Higher Education”, *Quality in Higher Education*, Vol. 8, No. 3, November 2002, pp. 215 – 224.

存在一些问题：评估给学术人员带来了过重负担；以及外部评审团缺少国际专家、学生/毕业生的参与。①

三 高等教育质量保障的“政治维度”

政治取向的研究是欧洲高等教育区域新近出现的研究视角，主要分析质量保障所发生的制度框架的政治维度，或者质量保障所受到的政治限制。在高等教育领域，质量、质量保障本身不是一个中性的词语，不只是消费者主义理念下的满足顾客要求，它们本身是一种政治，或者具有强烈的政治意蕴，不能脱离具体的目的、背景和制度环境。② 欧洲质量保障在一定的政治经济框架下运行并带有强烈的政治动机，政治维度取向的研究是要分析这种隐含着政治偏见的质量控制模式的制度成本以及它影响评估结果的程度。

第一类研究是从宏观的、区域和国家层面上分析质量保障的政治限制。高等教育质量保障到底是市场驱动的，还是一个政治工具？瑞德（G. Rhoades）认为，无论在美国还是欧洲，质量保障都是一种合法化的手段，是政府治理模式改革的一个组成部分。③ 相比而言，美国高等教育质量保障机制具有更加明确的市场驱动特征，体现为一个区域性的、基于院校的过程，国家最低程度的干预质量标准的制定和解释；欧洲质量保障主要被认为是促进具有多样性和复杂性的高等教育学位和结构的协调的手段，是各个国家实现高等教育标准化和同质化的一个政治工具。欧洲各国的质量盘点报告来自各类高等教育利益相关者，他们在采取数据和表达立场时隐含着一定的政治偏见，一个可能的风险是政治家可能会直接或者间接地利用评估结果达到削减公

---

① L. Bornmann & S. Mittaag & H. D. Daniel, “Quality assurance in higher education - meta - evaluation of multi - stage evaluation procedures in Germany”, *Higher Education*, Vol. 52, No. 4, December 2006, pp. 687 - 709.

② Blanco Ram 'rez, G, “Studying quality beyond technical rationality: Political and symbolic perspectives”, *Quality in Higher Education*, Vol. 19, No. 2, March 2013, pp. 126 - 141.

③ Gary Rhoades & Barbara Sporn, “Quality assurance in Europe and the U. S.: Professional and political economic framing of higher education policy”, *Higher Education*, Vol. 43, No. 3, April 2002, pp. 355 - 390.

共支出的目的。质量保障不是赋予大学更大的自主权，而是一种更加微妙也更细致的政府治理方式。这种政治特质会引发一系列问题：学术人员为什么要信任一个可能对大学不利的认证工具？这种不信任会怎样影响他们向评估者提供信息？顾客（学生和雇主）如何相信一个基于不完全可靠的、有偏见的信息的评估结果？这些问题都是对质量保障逻辑基础的严重挑战。

第二类研究是从微观的、院校层面上分析质量保障引起的院校内部权力关系变化。第一类研究关注认证和高等教育标准化之间的相关程度，有两个假设：一是质量认证能够使学生更好地选择机构或者课程，二是促进高等教育机构全面改进质量。但是，这类研究忽视了质量认证过程对院校内部政治的、实际的影响。认证并不意味着自动引起院校组织变化或质量改进，而是提供了一个框架或者催化剂，关键在于院校领导如何运用这种工具。科纳特（B. Cret）分析了英国和法国6所商学院的质量认证过程，认为质量认证不仅具有外部评级和合法化功能，而且还会产生一个重要的政治性后果：它引起了院校内部权力关系的变化，院校领导运用质量认证这种“强有力的第二级院校管理工具”能够实施人事和课程的专断决策。[①]

第三节 作为一个行动领域的高等教育质量保障

整体上看，欧洲高等教育质量保障实践深受美国模式的影响。在欧洲高等教育历史上，从来没有出现过像高等教育质量保障一样从北美向西欧疯狂的模式输出。[②] 这种模式植入是一个非线性的、复杂的过程，在特定的政治经济框架下，欧洲不仅在博洛尼亚进程中将质量保障推行到区域层面，而且与美国的市场取向相比，表现出更加明显的“民族国家中心”取向，形成了高等教育质量保障的欧洲模式。

① Benoit Cret, “Accreditations as local management tools”, *High Education*, Vol. 61, No. 4, April 2011, pp. 415 – 429.

② Neave, G, “The evaluative state reconsidered”, *European Journal of Education*, Vol. 33, No. 3, September 1998, pp. 265 – 284.

一 认证和控制取向的外部质量保障实践

欧洲在引入美国认证模式之前，已经在国家、区域层面建立了系统性的质量保障程序。英国、瑞典80年代中期建立了独立的质量审计标准和机构；法国1984年、芬兰90年代早期建立大学评估制度；瑞典、英国和丹麦在80年代晚期和90年代早期引入课程评估机制；德国90年代中期建立了课程评估制度。1991年，欧洲委员会实施“欧洲高等教育质量评估试点方案”，对工程与艺术设计两个学科的教与学质量实施评估，目的在于提升欧洲高等教育机构的评估意识、丰富程序、交流经验和建立欧洲评估模式。1994年9月到1995年6月，欧洲有17个国家、46所高等院校参与该试点方案。总体来看，在借鉴美国的认证机制之前，欧洲采取建设性的、发展取向的外部质量保障程序，质量是动态的、灵活的，而不是某些固定的、一成不变的标准。以最早建立大学评估制度的英国为例，90年代早期英国实施的是一种非正规的“轻触式”（informal light - touch）甚至“零触式（zero touch）的质量监控体系，它建立在以院校为本、充分信任和专业自主的基础上，有两个基本原则：一是反应式的、无组织的，依赖于学生的抱怨；二是外部考试委员检查学生的考试试卷和课程内容。[①] 欧洲委员会将当时各国质量保障程序的共同特征总结为“独立的质量保障机构、合目的性原则和院校自我评估”[②]。

20世纪末期开始，欧洲传统的质量保障模式发生了根本性的改变。1999年博洛尼亚宣言的整个改革模式由三块基石构成（金三角）：引入学士—硕士体系，代替传统上耗时很长的学制；建立欧洲学分转换制度；促进欧洲高等教育透明。许多国家便将“课程透明化”理解为建立新的课程认证机制，而不是沿用原有的大学或课程评估机制。美国认

---

① Bellingham, L, “Quality assurance and the use of subject level reference points in the UK”, *Quality in Higher Education*, Vol. 14, No. 3, November 2008, pp. 265 - 276.

② Martina Vukasovic, “Change of higher education in response to European pressures: conceptualization and operationalization of Europeanization of higher education”, *High Education*, Vol. 66, No. 3, September 2013, pp. 311 - 324.

证机制被合法地引入欧洲，并迅速发展。90年代早期，只有不到50%的欧洲国家参加了超机构的质量评估活动；2003年，除希腊外，欧洲所有国家都参与了某种形式的超机构评估实践；至2007年，欧洲管理发展基金会对欧洲117个高等教育机构进行了认证，美国的AACSB协会也对欧洲551个高等教育机构进行了认证①。经过十年的发展，21世纪欧洲高等教育进入一个新的阶段——认证阶段，标志着高等教育质量保障从质量促进转向质量控制。②

认证是目前实施时间最长、应用最广泛、最成熟的一种质量保障形式，它始自美国80年代6个地区性认证机构的实践。一般意义上，认证是由非政府组织实施的、高等教育机构自愿参与的一种质量保障过程，担负两项使命：一是外部机构设定质量基准，评估高等教育机构或者课程方案达到预设标准的程度（外部功能）；二是促使高等教育机构承担质量责任，机构要采取一系列行动通过认证，由此促进机构的质量管理（内部功能）。欧洲大学协会对于认证的官方定义是：采取同行审查形式，根据预先认可的标准，提供并发布关于高等教育机构或者课程的质量信息。经过十多年的发展，欧洲形成了典型的多阶段认证程序，成为欧洲质量保障的主要机制。这些阶段包括：第一，认证机构独立组织认证程序，初步调查对方的认证资格；第二，根据认证部门预先确定的评估标准，被认证机构提供一份自我评估报告；第三，认证部门和机构人员共同组成外部专家评审团，进行3天左右的现场参访，并撰写评估报告；第四，认证部门公开评估报告并作出决定，结果分为三种情况——拒绝授予认证、无条件认证（被认证的机构或者课程部门获得最长的认证期限）、有条件认证（认证许可证有效期较短，机构必须定期向认证机构提交自我评估报告）。这是欧洲质量保障的共同要素或者基本模式，它为各个国家设计质量保障体系提供了一个参考框架。实践

① Gerardo Blanco - Ramírez & Joseph B. Berger, "Rankings, accreditation, and the international quest for quality: Organizing an approach to value in higher education", *Quality Assurance in Education*, Vol. 22, No. 1, January 2014, pp. 88 - 104.

② A. Amaral & M. J. Rosa, "Recent Trends in Quality Assurance", *Quality in Higher Education*, Vol. 16, No. 1, April 2010, pp. 59 - 61.

中，各国会对这个模式加以修改或者扩充，在具体程序上存在很大差异，如质量保障体系发生的政治环境；评估机构与政府的关系、评估结果利用及其是否影响拨款；认证机制的实用性；国家质量保障法律规定的严格性与灵活性。①

与美国相比，欧洲认证机制体现出明显的控制性和民族国家中心取向。德国地方教育部的一位官员说得非常清楚：（在德国）认证和评估不是一个质量改进方案，改革的基本思想中也没有任何对于质量的界定，它的初衷是应对不断降低的公共预算，政府的责任是确保高等教育机构即使在公共预算下降的情况下也能正常运作。② 欧洲国家的政府更倾向于将认证视为给高等教育机构评级、区分的一种地方管理手段，各个民族国家基于政治、经济和教育背景建立了国家质量保障国家体系。这决定了欧洲的认证模式本质上是一种制裁型、控制取向的，而不是建设性、质量改进取向的，这也是各国质量保障的政治法律环境和具体程序存在差异的根本原因。

二 同质性的高等教育机构内部质量管理实践

内部质量保障实践是机构或者课程部门实施质量管理的过程。过去二十多年中，人们关注的焦点是以认证为主的外部质量保障程序，一个后果就是内部质量保障程序被简单理解为机构的自我评估报告。由于外部质量保障成本高昂，而且机构应当对质量承担基本责任，近些年，从院校层面、草根层面实施质量保障日益得到强化。如果说欧洲外部质量保障实践的共同性与差异性并存，且差异性更具有实质意义的话，那么内部质量保障实践的同质性就非常突出。这种同质性反映了高等教育机构或者课程部门在质量管理目标、质量要素、管理活动上比较一致的看法，它体现在以下两个方面。

① Guy Haug, "Quality Assurance/Accreditation in the Emerging European Higher Education Area: a possible scenario for the future", *European Journal of Education*, Vol. 38, No. 3, September 2003, pp. 229 – 240.

② Benoit Cret, "Accreditations as local management tools", *High Education*, Vol. 61, No. 4, April 2011, pp. 415 – 429.

第一，机构或者课程的质量保障实践通常采取一种“整体性质量取向”。按照布瑞耐对院校质量管理的四分类法，院校在实践中倾向于平衡地、整合地考虑这四种质量取向。例如，欧洲一所商业和管理学院确立“学生整体发展”的质量目标，整合考虑教学、学术与劳动力市场需求，从四个方面实施质量管理：改进课程/学习方案设计，加强实践指向而不是理论指向，强调分析技能；学生和雇主是最主要的顾客，提高顾客满意度；向学生提供“面向工作的培训”，提高可雇佣能力；设立教与学实践的最优基准，据此优化课程设计。① 另一个学院实施“学术性教学”（scholarship of teaching）质量管理实践，主要目标是教学质量取向，致力于改进学生学习体验质量，也强调与外界合作、吸引利益相关者参与等，以便实现更好的教学质量目标。② 也有一些机构只强调部分质量要素，如强调和专业性、结构性相关的质量因素（管理质量和教学质量），重视外部质量评估对于机构的文化、结构、活动引起的冲击，大学通过组织重组、加强大学领导和管理、有效的资源管理来解决质量危机，质量管理的重点是有效的变革管理、成本—效益与效率分析、组织变革文化管理和实施最优的教学实践；还有一些机构强调与知识获得、学生学习体验相关的质量要素（学术质量和教学质量），这类机构将“学生在教与学过程中的变化”视为最主要的质量目标，质量管理实践最关注的是怎样促进学生的学习体验和改进学习结果。

第二，内部质量管理的具体措施具有很强的一致性。机构或者课程部门质量管理的具体做法一般会强调三个核心成分：激励学生的学习、加强机构和社会的联系、采取支持和促进质量的管理手段。就促进学生的学习而言，主要做法有制订详细的课程计划，发展具有内在一致性的、灵活的课程方案，明确陈述学习方案目标和学习结果；还有一些强调发展学生的沟通技能、批判性能力、鼓励学生参与知识生产、改进教学方式、鼓励教师发展各种教学风格、教师和学生建立合作关系等；就

---

① Popli, S. “Ensuring customer delight: A quality approach to excellence in management education”, *Quality in Higher Education*, Vol. 11, No. 1, April 2005, pp. 17 - 24.

② Ottewill, R. & Macfarlane, B., “Quality and the scholarship of teaching: Learning from subject review”, *Quality in Higher Education*, Vol. 10, No. 3, November 2004, pp. 231 - 241.

加强大学与社会的联系而言，主要是满足雇主需求、学生需求和提高大学毕业生的可雇佣性，如提供专业性实践，设计学生可雇佣性的评价指标，机构和潜在的雇主、社区合作；多样化的大学管理实践涉及大学领导变革、团队工作和资源管理，最经常被强调的做法有：清晰地陈述大学愿景、明确制定大学发展政策、改进组织文化、在学术人员之间发展领导技能、资源管理、支持性的质量信息系统、高等教育各利益相关方的有效沟通。

三 高等教育外部质量保障机构的元评估实践

外部质量保障机构的元评估是指认证、评估机构本身的质量保障实践。在过去的十几年中，欧洲高等教育治理体系改革的政治意图促生了质量保障的需求，进而促生了一系列致力于高等教育评估、认证与审计实践的专业机构。当需求和供给发生联系时，就形成了一个高等教育质量保障的服务供需市场，从事这类服务的专业机构的数量也急剧增长。在不同国家中，认证的性质和服务模式差异性很大，这体现在政府对认证机构的法律地位、认证过程与结果的干预程度与方式各不相同。一些国家采取了比较前卫的自由模式，政府将认证委托给自主的、自由竞争的第三方团体，如德国、瑞典。德国是欧洲少数几个实施认证服务自由竞争的国家之一，德国认证机构是专业性的、非营利性的组织，具有明确的法律地位，享有一定程度的自主权，在一个中央机构“认证委员会”监管下与大学签订服务合同；另一些国家，如法国、波兰采取了政府监管模式，教育部直接负责和掌握认证决策权，一些专业团体（如认证委员会）参与认证过程和接受教育部咨询。

为了促进各国认证机构的合作，也防止滋生不规范甚至违法的认证行为，欧洲在启动博洛尼亚进程的同时就开始讨论建立一个认证元评估机制。90年代末期，国际大学校长协会委托比利时教育专家德克·凡·戴明（Dirk Van Damme）起草“高等教育国际化和认证”报告，他指出，在全球化教育背景下，降低高等教育机构服务质量不确定性的一个重要途径是建立高等教育质量保障体系的国际性控制机构，即一个世界性的质量认证机构的注册部门。[①] 该建议被 OECD 和 UNESCO 合作制定“跨边界的高等教育服务质量指导纲要”采纳，欧洲委员会教育与培训总指导也采纳了该建议，并一直努力发展一个元认证工具。2003 年，欧洲教育部长会议委托欧洲质量保障协会（the European Association for Quality Assurance，ENQA）起草“欧洲质量保障共同标准和指导纲要”，ENQA 提出，建立元评估机制的基本原则是“经过注册的认证机构在欧洲层面的认证服务可以相互替代”。2004 年，欧洲委员会再次明确：成员国可以接受所有已经注册的认证机构的评估，这是各国进行高等教育许可或者资助决策的一个基础。但是，这个建议遭到了各国的强烈反对，他们拒绝一个超国家机构干预本国高等教育事务，坚持国家是决定开放或者管制质量保障服务市场的唯一权威。2005 年 5 月，ENQA 提出了一个极具妥协性的方案：注册部门必须列出欧洲所有经过许可的认证机构，高等教育机构有权选择任何一家认证机构，注册机构应该在一个由质量保障专家组成的常设委员会管理下运行。原来的条款被取代为“为了提高高等教育机构的国际声誉，成员国要鼓励本国高等教育机构参加由欧洲注册机构组织的跨国的评估或者认证”[②]。至此，欧洲认证机构的“元评估机制”最终确立。从实际运作看，只要认证机构通过了各自国家的评估，它们就可以获得注册。但是，这些注册机构还没有实现在欧洲层面上自由开展的认证服务，欧洲各国的质量保障法律政策和政治动机直接限制了认证服务的开放程度，国家还没有准备将本国的认证服务向一些超国家的、国外的认证机构自由开放，国家认证服务体系仍是一个相当封闭的市场或是“闭门商店”（closed shops）。以德国为例，德国认证机构的国外服务只是在一些尚没有建立任何质量保障体系的小国中，如卢森堡、克罗地亚或者在一些说德语的周边国家中实施，但成就很低。瑞典中央认证委员会给两个德国认证机构颁发了

---

① Dirk van Damme, “Quality issues in the internationalization of higher education”, *Higher Education*, Vol. 41, No. 4, June 2001, pp. 415 – 441.

② Crozier F., Costes N., Ranne P., et al, ENQA: 10 Years (2000 – 2010): A Decade of European Co – Operation in Quality Assurance in Higher Education”, Finland: ENQA (European Association for Quality Assurance in Higher Education), 2010, p. 5.

许可证，允许它们在瑞典从事认证服务，但实际上很少有大学和德国认证机构签订合同，根本原因在于虽然德国的认证机构可以提供附加价值，但在瑞典相关的法律政策框架下，目前向国外认证机构投入稀缺资源显然不是优先事项，而且以后也不会是。① 欧洲的质量保障仍是一个国家的特权领域，而不是完全开放的自由服务市场。

第四节　高等教育质量保障行动面临的挑战

二十多年来，欧洲高等教育质量保障的发展历程并不平坦，超国家的、政府间的、国家的、机构的、个体的各种政治力量、学术力量形成了一个非常复杂的政策动力系统。但有一点非常确定的是，永远不能说（欧洲）高等教育质量保障行动结束了，它可以也必须一直处于改进之中，既要防止质量保障沦为一种仪式性的行动，也要使学术世界时刻处于警惕以提供更高质量的高等教育服务。② 欧洲高等教育质量保障行动在不断的反思中积极地寻找未来出路。

一　“民族国家”与“欧洲目标”的内在冲突

欧洲质量保障行动具有强烈的政治意图。在博洛尼亚进程中，为了保护欧洲高等教育顾客（主要是学生和雇主）的利益和实现高等教育欧洲化目标，欧盟从2000年开始就致力于推进各国质量保障体系的合作与沟通。经过多年的发展，欧洲层面上关于质量保障的基本程序或者方法论达成了一些共识，如建立了典型的多阶段认证程序；在政策、机构、机制上也取得了一些合作成果，如建立ESG标准体系，建立ENQA和建立元评估机制。但是，各个国家本质上是将质量保障视为建立新型政府治理方式的一个政治工具，极力维护教育是国家主权领域，主张教

① Kohoutek, J. & Westerheijden, D. F, “Opening up the black box: Drivers and barriers in institutional implementation of the European standards and guidelines”, in H. Eggins, eds., *Drivers and Barriers to Achieving Quality in Higher Education*, Rotterdam: Sense Publishers, 2014, p. 178.

② Lee Harvey & James Williams, “Fifteen Years of Quality in Higher Education”, *Quality in Higher Education*, Vol. 16, No. 1, June 2010, pp. 3 – 36.

育是传递国家价值和文化的一个主要途径。在这种背景下，尽管欧盟将质量保障视为促进欧洲协调的一个手段，但实际上它的功能、行动领域与方式最终仍由各国政府根据本国的需要和期望规定。这种政治角力在欧洲委员会试图建立认证元评估机制过程中的表现非常明显。欧盟试图通过认证机构注册机制建立一个自由竞争的、完全开放的欧洲认证服务市场，但最终妥协成一个辅助性条款，这是对所有的高等教育欧洲整合努力的一个极大讽刺。在国家利益和国家中心取向下，高等教育的欧洲协调只是一个辅助性原则，一个国家政府不会将监控本国高等教育质量与绩效的权力转移给一些超国家组织，高等教育质量保障首先也最大程度上是国家权力领域。①

由于不同政治团体的政治意图的差异，高等教育质量保障作为国家层面的监控机制与欧洲层面的协调机制，这两者之间的功能不对称一直存在而且还会持续下去。这种不平衡也引发了一系列重要的问题：未来，欧洲层面质量保障改革要在多大程度上依赖于各个国家的解释和规定？考虑到高等教育的质量产出和质量控制的国家规定性，国外的高等教育顾客对于基于评估和认证的欧洲高等教育质量是否只是一种盲目的信任？如果欧洲质量保障内在运行机制的基础是消费者的盲目信任，或者说是以消费者为代价的，那么还有可能去讨论通过质量保障提高高等教育的透明度和质量吗？一个缺乏透明度的高等教育体系又如何实现高等教育的欧洲整合目标和提高竞争力？这些疑问是对欧洲质量保障行动的三大逻辑基础的挑战，在欧洲复杂的政治结构中，目前还看不到对这些问题的清晰答案。

二　责任制与质量改进之间的紧张关系

“责任制”与“质量改进”之间的矛盾反映了外部质量保障这种官

① Hopbach, A, “External quality assurance between European consensus and national agendas”, in A. Curaj, P. Scott, L. Vlasceanu, & L. Wilson, eds., *European Higher Education at the Crossroads: Between the Bologna Process and National Reforms*, Dordrecht: Springer, 2012, p. 125.

僚式的管理手段与高等教育学术质量改进之间的紧张关系。米德认为，所有的质量保障行动都被期望承担两个基本上不相容的功能：一是帮助机构改进运作，提升质量；二是向政府、社会报告机构运作状况，承担责任制。① 责任制是欧洲高等教育质量行动的核心功能之一，它带有强烈的政治意图，也是质量保障行动的合法性基础。但是，责任制取向的质量保障体系能否真正意义上全面促进质量，欧洲对此自始至终都不是一种乐观态度。90 年代末期欧洲开始引入认证机制时，米德就提醒，无论在概念上还是实践上，无论在国家层面还是院系层面，质量改进与责任制都应该是两个独立设计的系统，任何一个怀有责任制目的的质量保障体系对于高等教育质量改进的作用都将十分有限。② 经过十几年的发展，李·哈维（Lee Heavy）基于对《高等教育中的质量》期刊15 年间的320 篇文章的分析，认为整体而言，外部质量保障机制在促进高等教育质量中并不是特别有效，尤其是当它们带有强烈的责任制目的时。失败的一个主要原因在于外部质量保障机制摧毁了信任；另一个原因在于高等教育专业人员认为源于工业领域的质量管理理念和技术在高等教育背景中的适用性非常有限。③ 如果说欧洲高等教育质量保障的最终目的是促进与提升质量，基于认证的责任制体系是实现这一目的的手段，那么，质量保障行动中改革的手段变成了改革的目的。许多外部质量保障机构都没有能够在责任制与质量改进之间建立一个恰当的平衡，责任制始终处于优先地位，质量改进的程度非常有限。

在一个高等教育质量保障体系中，质量改进与责任制一定有重合，完全区分二者也不现实。一个关键问题是在责任制与质量改进之间取得恰当的平衡。维特基坦（Westerheijden. D. F）认为，博洛尼亚进程的第二个十年中，人们的注意应该转向实质性、策略性目标的达成，而不

① Meade, P. & Woodhouse, D, "Evaluating the effectiveness of the New Zealand Academic Audit Unit: review and outcomes" *Quality in Higher Education*, Vol. 6, No. 1, April 2000, pp. 19 – 29.

② Meade, P. & Woodhouse, D, "Evaluating the effectiveness of the New Zealand Academic Audit Unit: review and outcomes", *Quality in Higher Education*, Vol. 6, No. 1, April 2000, pp. 19 – 29.

③ Van Damme, D, "European approaches to quality assurance: Models, characteristics and challenges", *South African Journal of Higher Education*, Vol. 14, No. 2, January 2000, pp. 10 – 19.

是将质量保障体系的基础架构进一步精细化。[①] 斯滕萨科基于对北欧国家质量保障体系的分析，认为问题的关键是：在一个认证年代中，外部质量保障机制怎样促使院校形成质量文化。[②] 外部机制的目的不在于迫使高等教育机构形成一种顺从外部质量要求的文化，而是按照公共福祉的原则提高这些机构的质量，并且使它们认识到认证、评估等外部技术在提升高等教育核心功能质量水平上的诸多好处，最终的愿望是在高等教育机构内部形成一个重视质量的组织文化。还有一些学者强调了外部评估程序中双方互惠与信任的重要性，高等教育质量改进很少通过一些规制、法令实现，评估者和被评估院校要实现双方信息交换和程序透明，通过协商性的社会建构过程对评估达成一致性认识。[③] 在实践中，一些国家也探索了质量改进取向的质量保障模式。例如，丹麦建立了责任制与质量改进二元取向的质量保障体系，重点在于改进而不是控制，这是一个非常成功的国家质量保障体系；苏格兰的改革也重申高等教育机构对质量的首要责任，外部机构只限于质量审计，从控制和监控机制向质量促进的协商机制转变。

三　程序仪式性和学术团体的协调与抵制

在欧洲质量保障二十多年发展中，一个反复受到关注的议题就是高等教育质量保障程序的仪式性，以及学术人员对于各种内外控制程序的被动迎合乃至抵制。从理论上说，在消费者付费和公共预算紧缩的状况下，高等教育部门需要采取一定形式证明自身对于利益相关者的质量责任，学术人员应该理解和接受质量保障的责任制、透明和公正的基本原则。问题在于，目前普遍实施的基于认证、评估的质量监控体系是否真正实现了这些原则？一系列分析指出，目前的质量保障体系是一个非常

---

① Schwarz, S. , & Westerheijden, D. F, *Accreditation in the Framework of Evaluation Activities: A Comparative Study in the European Higher Education Area*, Dordrecht : Kluwer Academic Publishers, 2004, p. 32.

② Stensaker, B. , "Outcomes of Quality assurance: A discussion of knowledge, methodology and validity" *Quality in Higher Education*, Vol. 14, No. 1, April 2008, pp. 3 – 13.

③ Askling B , Stensaker B, " Academic leadership: Prescriptions, practices and paradoxes" *Tertiary Education and Management*, Vol. 8, No. 2, June 2002, pp. 113 – 125.

有限的、单向的责任制体系，这种官僚式的监控体系给学术工作造成了很大的机会成本，影响到学术人员对教和学的投入以及发展创造性的教和学方式。[①] 由于认证和评估结果的高利害性，学术人员会妥协地采取外部机构所期望的语言和方式，以教学和研究为主体的学术质量与评估绩效指标没有任何的关联，质量保障成为不得不从仪式上、形式上去迎合的额外负担，这是在一个非常肤浅的层面上解决质量问题。

显然，欧洲质量保障的“官方意义”与学术人员日常学术活动中的“本土化行动”之间存在着巨大差距。学术人员的专业主义影响到对外部质量审计机制的态度，导致了专业价值与审计机制之间的紧张关系，这种紧张关系源于审计的官僚性、耗时，以及这种机制隐含的对于学术人员的不信任。基纳·艾德森（Gina Anderson）认为，学术人员对质量监控机制的反对体现了围绕权力、管理效率和质量内涵的争论，质量保障不应该被大学管理部门视为监控学术人员的一个管理性工具。如果院校内部能够建立支持性的、建设性的质量保障生态环境，质量保障程序就可以促进创造性的教与学。[②] 伊里纳·米纳尔里等人（Eliana Minelli, et al）研究了意大利十所大学，认为大学教师和学生对于质量要素有不同看法，学生认为课程、教和学是高等教育质量最重要的构成因素，教学人员认为学生服务性支持、教与学设备、学生考试与评估结果是最重要的质量要素。[③] 只有当大学管理部门、质量保障机构、学术人员在相互信任的基础上形成关于质量、质量要素、质量保障动机和程序的一致性看法，学术人员作为质量保障主体能够有效参与这一过程，而不仅仅是被动的政策执行对象，学术人员才不会抵制质量保障行动，才能积极地将外界质量要求转化为自身的质量行动。

---

① Newton, J., “Feeding the beast or improving quality?: Academics' perceptions of quality assurance and quality monitoring”, *Quality in Higher Education*, Vol. 6, No. 2, July 2000, pp. 153 – 163.

② Gina Anderson, “Assuring quality/resisting quality assurance: Academics' responses to 'quality' in some Australian universities”, *Quality in Higher Education*, Vol. 12, No. 2, July 2006, pp. 161 – 173.

③ Eliana Minelli, Gianfranco Rebora & Matteo Turri, “How Can Evaluation Fail? The Case of Italian Universities”, *Quality in Higher Education*, Vol. 14, No. 2, July 2008, pp. 157 – 173.

四　质量保障重点向“促进学生的学习”转变

在高等教育质量因素中，学习质量是高等教育质量的核心，质量保障行动的一个基础性问题应是质量保障如何促进学习。在过去的十几年中，高等教育教与学的方式发生了巨大变革，基于信息技术的远程教与学、自定步调学习等成为新的全球性的教与学模式。这意味着传统上高等教育质量的核心要素（也是构成质量评估的基础性要素）如学术设施、图书馆馆藏、教学人员素质等与质量的相关度比以前要低；而且，这些技术变革也影响到外部评估的实施方式，比如评估机构能够更加迅速地与大学与课程部门沟通、采取远程参访等。这些变革直接影响高等教育质量保障的重点。以美国为例，1990 年在美国高等教育质量保障发展中具有重要意义，在此之前外部认证机构重点审查大学的资源投入和过程，1990 年联邦政府要求认证机构将学生的学习结果纳入大学绩效评估指标体系中，也就是说，认证机构从监督大学的评估过程转向检查学生成就的实际水平，大学需要对学生学习结果进行直接评估并且提供具体证据。2009 年，OECD 也发起了基于学生学习结果的可行性研究项目，目的在于避免质量评估成为简单的大学分等或者评级体系，而是能够真正提升学生的学习成就。在过去的 25 年中，欧洲质量保障行动的主线是质量监控，基于责任制的质量保障行动并没有成功地建立一种质量促进文化，而且这些努力在多大程度上促进了学生的学习，答案仍不确定。因此，欧洲质量保障行动面临的一个重要挑战就是如何从“满足责任制需求”向“促进学生学习”的质量保障模式转变。[①] 这意味着需要改革传统上基于责任制目标的认证、评估、审计等质量保障方式，开发新的质量改进取向的质量保障技术。比如，对机构或者课程质量进行批判性的系统思考和系统干预；建立发挥每个人最大潜能的多元化、促进性的质量环境。

① Maureen Tam, “Outcomes - based approach to quality assessment and curriculum improvement in higher education”, *Quality Assurance in Education*, Vol. 22, No. 2, April 2014, pp. 158 - 168.

第六章　中国高等教育质量保障体系的完型

第一节　高等教育质量保障政策文本回溯

高等教育规模超常规的扩张使我国提前进入“高等教育大众化”阶段，如何从高等教育大国迈入高等教育强国提上日程，保障高等教育质量的配套政策显得尤为重要。同时，随着高等教育逐步走向社会的中心，高等教育质量成为社会各界关注的焦点，高等教育质量保障成为政府主管部门优先考虑的政策问题。然而，从政策文本视角对我国高等教育质量保障政策变迁进行系统全面分析的研究尚付阙如。由于“政策文本呈现的是社会政治、经济、文化等在某一领域综合影响的结果，它能够敏锐地感应社会过程的变动和多样性”①，因此，系统梳理 80 年代以来我国高等教育质量保障政策文本，对于研究政策变迁和质量保障模式是一项基础性工作。本节从“颁布数量”“适用类别”“主体构成”“文本形式”“政策主题”“政策工具”6 个维度对 69 份政策文本进行统计分析。结果显示我国高等教育质量保障政策从起步到形成较为庞大的政策体系经历了酝酿、发展、加速、密集 4 个时期，呈现出渐进性与爆发性、综合性与专一性、强权威性与弱依赖性、建设性与保障性、规制性与单一性并存的特征。政策数量与高等教育发展中的焦点事件紧密相关；政策的核心为评估，是我国高等教育质量保障的利器；政策工具的应用存在路径依赖，即权威工具使用过滥；政策价值取向从工具理性走向价值理性。

---

① 涂端午：《教育政策文本分析及其应用》，《复旦教育论坛》2009 年第 5 期。

一　政策文本研究的方法

（一）政策文本范围界定

高等教育质量保障政策从属于教育政策，所以在理解高等教育质量保障政策之前首先要明确什么是教育政策。叶澜教授认为，“政府或政党制定有关教育的方针和政策，主要是某一历史时期国家的总任务、总方针、总政策在教育领域内的具体体现”①。袁振国教授指出，教育政策是一个政党或国家为实现一定时期的教育任务而制定的行动准则。②综上所述，本书认为高等教育质量保障政策是指在国家层面由中共中央、中央政府及其相关部门制定的高等教育阶段用以确定和调整质量控制、质量审核和质量评估相关活动的行动准则，旨在维持和提升高等教育的功能。本研究仅限于本科层次的普通高等教育，高等职业教育、研究生教育不在讨论之列，对高等教育保障政策的认识属于狭义上理解，即不包括高等教育法律。

（二）研究方法

1. 研究维度

本节采用描述分析方法对我国高等教育质量保障政策进行基本统计分析，运用 SPSS16. 0、Excel 等软件从“颁布数量”“适用类别”“主体构成”“文本形式”“政策主题”“政策工具”6 个维度对 69 份政策文本进行系统的定量分析，全面梳理近四十年我国高等教育质量保障政策，总结其基本特征。

第一，“颁布数量”。以 1985 年《中共中央关于教育体制改革的决定》作为起点，我国高等教育质量保障政策的建设已有三十余年的历史，政策文本的数量分析能够体现我国高等教育质量保障政策发布的频率与密度。

第二，“适用类别”。根据适用的类别，政策可以分为“综合型”和“专一型”，即将针对高等教育宏观层面出台的涉及高等教育质量总

① 叶澜：《教育概论》，人民教育出版社 1991 年版，第 148 页。

② 袁振国：《教育政策学》，江苏教育出版社 1996 年版，第 115 页。

体状况的界定为“综合型”，而针对高等教育质量某一或某些方面（如人才培养质量、科学研究质量、社会服务质量）出台的政策则为“专一型”。通过适用类别的分析，可以发现我国高等教育质量保障政策的针对性强弱以及关注的要点有哪些。

第三，“主体构成”。对政策制定主体构成的分析，体现了制定高等教育质量保障政策权威主导部门的层次以及它们与高等教育质量保障的紧密程度。主体构成分析显示出党和政府对高等教育质量保障政策重要性与紧迫性的主张，反映了政策的权威性、统筹性和实施的轻重缓急。

第四，“文本形式”。文本形式主要有通知、意见、规定、计划或规划、办法、条例、决定等，分析高等教育质量保障政策的文本形式，不仅可以了解现有政策采取哪些形式，还能看出现有政策约束性和操作性的强弱。

第五，“政策主题”。政策主题反映政策文本的主旨与目的，通过对高等教育质量保障政策文本的主题分析，可以窥见高等教育质量保障政策的内涵与价值走向。

第六，“政策工具”。基于政策工具理论，对1985—2016年我国高等教育质量保障政策以不同的政策工具类型进行分类，通过政策编码后进行频数统计，在此基础上剖析高等教育质量保障政策在政策工具选择上存在的问题，为后续政策出台提供参考。

2. 样本选择

1985年，中共中央颁布《中共中央关于教育体制改革的决定》，揭开了教育体制改革的序幕，在分析当时教育管理权限、教育结构、教育思想、教育内容、教育方法等方面存在问题的基础上，提出管理体制改革和教育结构调整两大解决之道。实际上，教育体制改革和教育结构调整是在宏观层面保障高等教育功能和活动；微观层面，“教育管理部门还要组织教育界、知识界和用人部门定期对高等学校的办学水平进行评估，对成绩卓著的学校给予荣誉和物质上的重点支持，办得不好的学校要整顿以至停办”。此后，国内开始推进教育管理体制改革和教育结构调整，学校办学自主权逐步扩大，教育质量进一步受到关注，相关的质量保障政策陆续发布。因此，1985 年可看作高等教育质量保障政策的开端之年。之后的三十余年，中共中央、国务院及其相关部门先后制定了一系列高等教育质量保障政策。由于研究时间的限制，本节对政策样本的收集截止到 2016 年，即样本的时间跨度为 1985 年至 2016 年。

同时，对我国高等教育质量保障政策样本的选择遵循公开性、权威性、完整性三大原则。公开性，即由国家相关部门予以公开的政策文本，内部传阅不在研究范围内；权威性，即政策文本由国家权威机构颁布；完整性，即政策文本的时间跨度为 1985—2016 年期间包括中共中央、中央政府及其相关部门出台的意见、决定和其他规范性文件，能够反映这个时期高等教育质量保障政策的全貌。基于以上原则，我们以“高等教育质量”“高等教育质量保障”为关键词，通过国务院、教育部、财政部等网站的文献检索功能，获取 1985—2016 年的高等教育质量保障政策 76 份，再对初步收集的 76 份样本进行甄别，剔除了一些相关度不高的文本，以确保样本的准确性与代表性，最终样本数量为 69 份。

二　政策文本的统计分析

（一）颁布数量：渐进性与爆发性

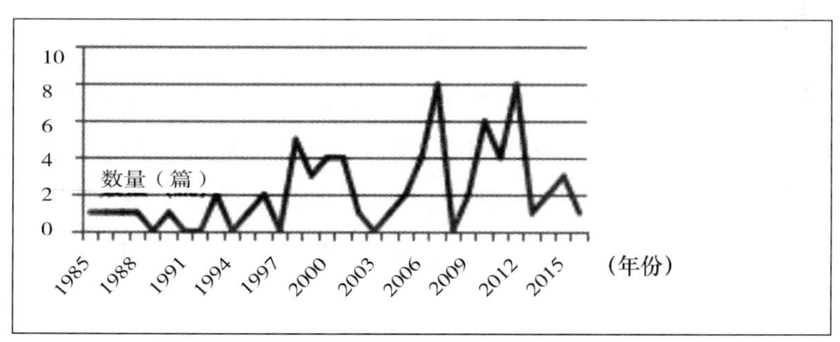

图 6—1　1985—2016 年我国高等教育质量保障政策文本颁布数量态势

资料来源：研究者自行绘制

由图 6—1 可知，我国高等教育质量保障政策的颁布数量总体上无明显规律，但是，在一定时期，政策文本数量级的变化有迹可循，大致可以将政策文本数量的变化划分为四个时期：1985—1996年基本处于政策酝酿期，政策文本数量较少，每年仅1—2篇；1997—2002年处于政策发展期，政策文本数量开始增多；2003—2007年处于政策加速期，政策文本的数量呈现直线式增长；2008—2016年进入政策密集期，政策文本密度大。整体来看，30年来我国高等教育质量保障政策数量呈现爆发式增长，但是在每一个时期内呈现出渐进式发展。

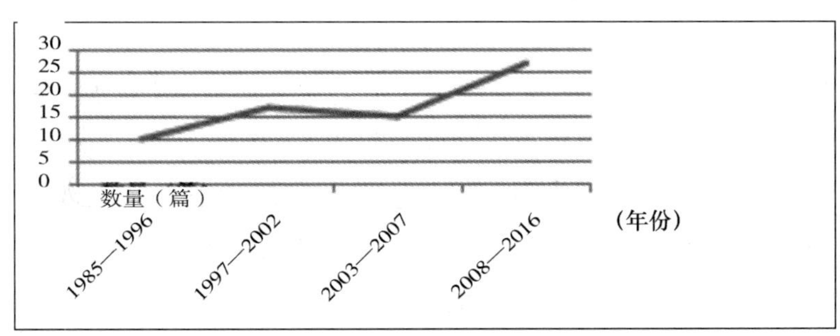

图6—2　1985—2016年四个历史时期高等教育质量保障政策文本分布态势

资料来源：研究者自行绘制

从图6—2可以看出，我国高等教育质量保障政策总体呈现上升趋势，但也存在一定的波动，2003—2007年政策文本数量相比前一个时期有所回落，2008—2016年又开始上升，这种波动与高等教育自身的发展密切相关。1999年，我国开始实施“扩招”政策，政府和民间对质量的关注持续升温，于是在此后的5—10年，我国高等教育质量保障政策进入了加速期和密集期，这两个时期的政策文本共有42个，占1985—2016年我国高等教育质量保障政策总数的60%。

（二）适用类别：综合性与专一性

按照政策文本的适用类别对1985—2016年我国高等教育质量保障政策进行统计分析，结果用表6—1呈现。

表 6—1　各个时期我国高等教育质量保障政策“适用类别”分布情况

颁布时期	各个时期合计（年）	适用类别及政策文本分布				
		综合型	专一型			
		数量（百分比）	数量（百分比）	人才培养	科学研究	社会服务
1985—1996	10	9（90%）	1（10%）	1		
1997—2002	17	7（41%）	10（59%）	10		
2003—2007	15	6（40%）	9（60%）	6	3	
2008—2016	27	15（56%）	12（44%）	9	3	
总计		37（54%）	32（46%）	26	6	

注：表 6—1 为研究者自行绘制

总体来看，我国高等教育质量保障政策是以“综合型”为主，不过“专一型”的高等教育质量保障政策不断增多，在 1997—2007 年以及 2003—2007 年，“专一型”的数量甚至超过“综合型”。这表明高等教育质量保障越来越受关注，并且高等教育质量保障政策的针对性不断增强。具体来看，“人才培养”是我国高等教育质量保障政策的重点领域。1985—1996 年和 1997—2002 年，我国高等教育质量保障政策的“专一型”针对的是人才培养，《关于进一步做好普通高等学校本科教学工作评价的若干意见》《关于深化教学改革，培养适应 21 世纪需要的高质量人才的意见》等都是针对人才培养的代表性政策。2008—2016 年，针对人才培养、科学研究和社会服务的高等教育质量保障政策都分别占专一型政策的 75%、25% 和 0%。自 1985 年以来，人才培养一直是高等教育质量保障政策关注的核心，随着我国逐步由高等教育大国向高等教育强国迈进，加快建设世界一流大学被提上日程，高等教育的科学研究职能日益为国家、社会所强调，到了 2003 年，质量保障政策开始关注科学研究，比如《中共中央关于进一步繁荣发展哲学社会科学的意见》《教育部关于加快研究型大学建设 增强高等学校自主创新能力的若干意见》《教育部关于进一步规范高校科研行为的意见》等政策文件强调科学研究对于提高高等教育质量，建设创新型国家具有重要意义。

（三）主体构成：强权威性与弱依赖性

表6—2　单独制定或牵头制定高等教育质量保障政策的主体构成

层次	发文单位	文本数量（百分比）	发文单位	文本数量（百分比）
中共中央、国务院	中共中央	4（5.7%）	国务院	10（14.5%）
中共中央、中央人民政府直属机构	中共中央组织部	1（1.5%）	教育部（国家教委）	50（72.5%）
	中共中央宣传部	1（1.5%）	财政部	2（2.8%）
	中国科学院	1（1.5%）		

注：表6—2为研究者自行整理

表6—3　1985—2016年我国高等教育质量保障政策（联合）发布的情况

所含部门数	发布数	占联合发布的比例（%）	占文本数量的比例（%）
1个	57		82.6
2个	7	58.3	10.2
3个或以上	5	41.7	7.2

注：表6—3为研究者自行整理

表6—2表明国家层面具有单独或牵头制定高等教育质量保障政策的权威部门一共有7家。其中，中共中央、国务院出台的政策文件占总数的20.2%，教育部占总数的72.5%，其他部门出台的政策文件仅占总数的7.3%。可以看出，中共中央、国务院高度重视高等教育质量保障建设，充分发挥最高层次政策权威部门的作用；而教育部作为中央政府主管高等教育发展的职能部门，是最核心的中央直属权威部门，在推进高等教育质量保障政策上充分履行相应职责。由表6—3可知，我国高等教育质量保障政策的发布以单个权威主体的制定为主，由两个以上部门联合发布的文件总数只有12个，仅占政策总数的17.4%左右，可见我国高等教育质量保障政策的统筹性和依赖性不强。

（四）文本形式：试探性与渐进性

将1985—2016年颁布的高等教育质量保障政策按照文本形式进行

统计，结果如表6—4。

表6—4　　我国高等教育质量保障政策的文本形式情况

排序	文本形式	数量	百分比（%）	特点	
				规范性、约束性	指导性、操作性
1	通知	16	23.2	较强	较弱
2	意见	21	30.3	弱	强
3	规划	4	6.7	较强	较弱
4	方案	1	1.3	弱	强
5	纲要	3	4.3	强	弱
6	规定	4	5.7	较强	较弱
7	决定	2	2.8	强	弱
8	条例	1	1.4	弱	强
9	计划	4	5.7	强	弱
10	要点	12	17.3	较强	较弱
11	建议	1	1.3	较弱	较弱

注：表6—4为研究者自行整理

由统计结果可知，第一，我国高等教育质量保障政策文本形式多样，包括明确发展思路的“决定”，提出指导原则的“意见”，制订发展蓝图的“规划”，布置工作举措的“通知”和“要点”。第二，我国高等教育质量保障政策较多采用“通知”（23.2%）、“意见”（30.3%）等体例，而“通知”等具有适用范围广、使用频率高、时效性强的特点，表明我国高等教育质量保障政策具有较强的规范性和约束性（占65.7%）。第三，“意见”“方案”“条例”等文本形式具有较强的可操作性，对实际质量保障工作更有指导意义。但在69份研究样本中，“意见”“方案”“条例”只有23份，所以高等教育质量保障政策的指导性与可操作性相对较弱，具体操作还需根据实际情况颁布相应的细则，体现了我国高等教育质量保障政策文本制定的“试探性与渐进性”。

（五）政策主题：建设性与保障性

高等教育质量保障政策既散见于一些综合性的政策，又有一些专门性的政策，在综合性政策对主题词进行标注更加强调研究者的个人经验，即“政策科学除了使用常规的研究方法外，还将不证自明的知识和个人的经验当作重要的知识来源，努力提炼政策实践者不证自明的知识”①。我们对1985—2016年69份高等教育质量保障政策文本中的话语进行逐一编码，并对主题词出现的频率进行统计分析，得出出现频次较多的几类主题词。经统计，1985—2016年高等教育质量保障政策话语出现50次以上的有3个，出现30次以上的有6个。如表6—5所示，“评估”（276）出现的频次最高，“经费”（260）、“教育体制”（91）等也是质量保障政策的重点。高等教育质量保障政策的主题词始终围绕质量评估、经费投入、师资建设、教育体制、教育结构、办学水平等关键话语。教育体制、教育结构、师资建设、办学水平是高等教育质量保障的建设性内容，而质量评估、经费投入则属于高等教育质量的保障性部分。

表6—5 1985—2016年我国高等教育质量保障政策条文中主题词分布情况

主题词	频次	主题词	频次
教育体制	91	师资	48
教育结构	26	评估	276
办学水平	36	经费	260

注：表6—5为研究者自行整理

（六）政策工具：规制性与单一性

麦克唐纳和艾穆尔（McDonnell & Elmore）曾对政策工具进行分类：权威、激励、能力建设和系统变革。其中，权威是支配个人与机构行动的规则，目的是产生服从；激励是把资金转化为个人或机构行动的报偿；能力建设是为了物质、智力或者人力资源方面投资的目的而转付

① 陈振明：《政策科学——公共政策分析导论》（第二版），中国人民大学出版社2003年版，第81页。

资金；系统变革是为了改变提供公共产品和服务的系统而将官方权威转移给个人与代理机构。①本研究借鉴麦克唐纳和艾穆尔的政策工具分类，同时增加混合工具这一类来研究高等教育质量保障政策的执行，通过对69份政策样本进行编码与信息抽取，采用频数统计分析其政策工具，见表6—6。

表6—6　1985—2016年我国高等教育质量保障政策的政策工具选择情况

政策工具类型	数量	百分比（%）
权威	37	53.6
激励	3	4.3
能力建设	13	18.9
系统变革	3	4.3
混合	13	18.9

注：表6—6为研究者自行整理

根据不同的政策工具类型对我国高等教育质量保障政策进行简单的梳理，如“规定”“意见”等属于权威工具；“财政投入”等属于激励工具；“方案”等属于能力建设工具；“改革”等属于系统变革工具。从表中可知，我国高等教育质量保障政策的政策工具选择以“权威工具”为主，即政府在高等教育质量保障中占据着主导性地位，政府权力在高等教育领域介入程度较高，表明我国高等教育质量保障政策的政策工具单一，存在政策工具使用不均衡的现象，且整个控制结构以规制为主，高等教育保障政策总体上属于强控制型。

三　政策文本的特征分析

（一）政策数量与高等教育发展中的焦点事件紧密相关

1985—2016年，我国高等教育质量保障政策从起步到形成较为

① Schneider A, Ingram H., “Behavioral Assumptions of Policy Tools” Journal of Politics”, *The Journal of Politics*, Vol. 52, No. 2, May 1990, pp. 510－529.

庞大的政策体系经历了酝酿、发展、加速、密集四个时期。政策数量的变动与高等教育自身的发展密切相关，尤其是受到高等教育领域内焦点事件的影响。所谓焦点事件，是指能够引起社会各界共同关注的议题。伯克兰总结了焦点事件的三大特征：一是涉及人群广泛，二是事件存在巨大的潜在危险，三是引起利益集团或政治精英的关注。[①] 焦点事件通常会与其他因素结合共同作用于政策，致使政策调整或变迁。比如，金登认为，焦点事件与其他因素的结合共有三种途径："一是焦点事件与已经存在的问题相结合，从而加深并强化了对相关问题的关注程度；二是焦点事件与潜在威胁相结合，诱发人们对社会潜在的、巨大危险的关注，从而产生政策预警，促进政策变革；三是焦点事件与其他类似事件相融合，产生对问题的新的解读和界定。"[②]

30多年来，我国高等教育发展历程中最引人注目的莫过于高等教育"扩招"，它是我国高等教育史上具有里程碑式的事件，高等教育规模的扩大为广大学子提供了更多入学机会，但是高等教育规模超常规扩张对高等教育质量来说可能是一种潜在危险。一方面，从政策文本内容来看，《面向21世纪教育振兴行动计划》中指出："高等教育入学率由1997年的9.1%，提高到2000年的11%左右。到2010年，高等教育规模有较大发展，入学率达到15%。"2001年教育部的《教育事业"十五"规划和2015年发展规划》提出2005年高等教育毛入学率达到15%左右。显然，我国高等教育质量保障政策过于关注高等教育发展量上的变化，而没有重视和追求质的变化。吊诡的是一些地方政府将高等教育毛入学率作为衡量政绩的新指标，作为一定时期高等教育发展的目标管理工作。另一方面，高等教育"扩招"在一定程度上违背教育发展的基本规律：教育发展要与经济发展水平相适应，即高等教育培养的各类人才要符合社会经济发展需要。然而我国"扩招"政策的仓促出

① Birkland T. A., *After Disaster, Agenda Setting Public Policy and Focusing Events*, Washington DC: Georgetown University Press, 1997, pp. 21 - 22.

② ［美］约翰·金登：《议程、备选方案与公共政策》，丁煌、方兴译，北京大学出版社2006年版，第98—99页。

台导致“扩招”的专业集中在投入较少的文科类专业。实际上，多份调查研究显示我国经济发展需要大量技术型专业人才，例如，《金融时报》麦金赛咨询公司的一份调研报告称：缺乏训练良好的毕业生，已经妨碍了中国经济的增长和发展更高层次的产业。比如中国从现在的制造型模式转向服务和研究型产业所面临的一个最主要的困难就是相关人才的缺乏。[①] 高等教育“扩招”与上述问题相结合引起我国高等教育决策层对潜在危险的关切，提高高等教育质量迫在眉睫。所以，“扩招”之后的5—10年，我国高等教育质量保障政策的制定进入加速期和密集期。

（二）政策核心为评估：高等教育质量保障的利器

尽管评估备受争议，但依然是保障高等教育质量的有效手段，这已是全球范围内的共识。比如联合国秘书处评估工作组在2014—2019年的规划中指出：“不同地方，不同层次的评估在推动新的发展日程中发挥着重要的作用。评估不容易，而且不受欢迎，但是必须进行。”由政策主题词频数的统计可知，我国高等教育质量保障政策的核心是评估。再从1985年到2016年我国高等教育质量保障政策发展的整个历程来看，无论是改革的纲领性文件，还是当前不断深入的“双一流”建设等实践活动，无不渗透着评估的思想和行为，从学科评估到学科平台建设，从师资评估到教学成果的评选等，高等教育质量保障政策的实施过程中渗透和弥漫着各种评估活动。无疑，高等教育评估是我国30年来最重要的高等教育质量保障政策。高等教育评估的发展大体与高等教育质量保障政策发展同步，可以分为高等教育评估的学习与研究阶段、高等教育评估试点与探索阶段、五年一轮的高等教育评估制度全面开展阶段、院校分类评估（合格评估、审核评估）阶段。

具体来看，1985年《中共中央关于教育体制改革的决定》提出“教育管理部门还要组织教育界、知识界和用人部门定期对高等学校的办学水平进行评估”，这是我国高等教育质量保障政策中首次出现

① 《教育模式影响中国产业转型》，《羊城晚报》2005年10月。

“评估”的概念。1990年，国家教委颁布了《普通高等学校教育评估暂行规定》，这是我国第一部专门关于高等教育评估的政策法规，规定了高等教育评估的性质、目的、任务、指导思想等。1993年2月，《中国教育改革和发展纲要》提出，“建立各级各类教育的质量标准和评估指标体系，各地教育部门要把检查评估学校教育质量作为一项经常性的任务”。随后，国家教委开始有计划、有组织地对普通高等学校的本科教学工作水平进行评估。合格评估、优秀评估、随机性水平评估分别被用来评估新建本科院校、国家重点建设高校及处在两者之间的高校。2002年，教育部发布《普通高等学校本科教学工作水平评估方案（试行）》，将合格评估、优秀评估、随机性水平评估三者合一，建立普通高等学校本科教学工作水平评估制度，标志着我国高等教育质量保障走向规范化、制度化。但是，随着本科教学工作水平评估的广泛实施，越来越多的问题开始显现，尤其是评估标准的单一与院校类型多样化之间的矛盾，本科教学工作水平评估制度饱受争议。2013年12月，教育部发布《关于开展普通高等学校本科教学工作审核评估的通知》，制订审核评估方案，意味着审核评估正式成为我国高等教育质量保障的重要形式。审核评估是以高校自身为主体，以完善高等教育内部保障体系为目的的审查核实活动。综上所述，评估是我国高等教育质量保障一以贯之的政策手段，并且由外部评估转向内部评估，由政府评估转向自我评估，体现了我国高等教育办学自主权不断扩大的趋势。

（三）政策工具的路径依赖：权威工具使用过滥

政策工具的频数统计显示，我国高等教育质量保障政策的政策工具以“权威工具”为主，所占比例高达53.6%，这不仅仅说明政府在高等教育质量保障中占据着主导性地位，也从侧面反映我国政府在政策工具应用上存在路径依赖。当然，政策工具本身并不存在孰优孰劣的问题，各自都有优缺点，其使用的政策情境与作用范围也有所不同。比如，权威工具的大量使用是因为它容易实施与管理，政策的影响容易控制，尤其是规避不确定的影响，同时又可以高效地完成政策目标，其缺点就在于缺乏灵活性，不利于革新；而能力建设工具鼓励创新，但是结果难以衡量，而且使用过多容易产生免疫。由于我国高等教育管理体制尚未形成成熟的运行模式和健全的制度，所以高等教育质量保障政策需要一定比例的权威政策工具。但是，也因为如此，权威工具的大量应用可能导致政策的选择性执行甚至变向抵制。从比例来看，我国高等教育质量保障政策对权威工具的使用存在过溢现象。

奥斯本（David Osborne）、盖布勒（Ted Gaebler）指出，“现代政府的诸多失灵‘不在目的而在手段’，在治理环境的高度复杂性和变动性的时代，任何试图依靠既有的政策工具解决所有问题的想法都变得不切实际，加快开发新的政策工具已经成为世界各国的战略抉择”①。因此，选择政策工具类型不宜过分依赖既有的权威政策工具，而是需要根据高等教育质量问题的属性和政策目标合理地进行选择和综合使用，并积极改进、创新适合高等教育发展的政策工具类型。当前，在我国高等教育管理体制改革仍需不断深化，政策执行机制有待进一步完善的背景下，更加需要通过激励、能力建设、系统变革来保证高等教育质量保障政策的执行。

（四）政策价值转向：从工具理性走向价值理性

马克斯·韦伯（Max Weber）将理性分为价值理性和工具理性，价值理性是指相信行为的纯粹价值，强调纯正的动机和选择正确的手段来实现目的；工具理性是指行为的动机仅仅是功利性的，行动者只站在效益最大化的立场，不考虑人的情感和精神价值。一般而言，高等教育质量保障政策应该追求人的内在精神价值，关注人性本身，将人的情感与精神价值视为终极目的，体现价值理性取向；同时也把服务于社会发展作为目的，关注社会发展需求，体现工具理性取向。高等教育质量保障政策在不同历史阶段的价值取向各有侧重，两者难以达到绝对的平衡，因为在社会发展的不同阶段，高等教育质量保障政策的价值取向会受到社会各方面的制约。

---

① ［美］戴维·奥斯本、特德·盖布勒：《改革政府：企业精神如何改变着公共部门》，周敦仁译，上海译文出版社1996年版，第8—9页。

通过对1985—2016年我国高等教育质量保障政策文本的深入考察，可以发现高等教育质量保障政策价值的重大转向——从工具理性走向价值理性。20世纪80年代中后期，随着改革开放不断深入，教育改革全面启动，中共中央、中央政府及其相关部门相继颁布《中共中央关于教育体制的决定》《普通高等学校教育评估暂行规定》《中国教育改革和发展纲要》等重大高等教育质量保障政策，其“多出人才、出好人才”的政策目标始终围绕教育要为经济社会发展服务。高等教育质量的提升与发展是为了满足社会经济发展需求，政策的工具理性取向显著，是“以经济建设为中心”的必然选择。

1998年12月，《面向21世纪教育振兴行动计划》提出，“要提高全民族的素质和创造能力，瞄准国家创新体系的目标，培养一批高水平的具有创新能力的人才”。显然，培养高层次具有创新能力的人才作为提高全民族素质的基点被提升到一个新的高度，高等教育质量保障政策开始出现“以人为本”的价值理性取向。1999年6月，《中共中央国务院关于深化教育改革，全面推进素质教育的决定》提出，实施素质教育“以培养学生的创新精神和实践能力为重点”，“坚持实现自身价值与服务祖国人民的统一”，即政策价值取向力图追求工具理性和价值理性的统一。进入21世纪之后，《全国教育事业第十个五年计划》《2003—2007年教育振兴行动计划》再次重申教育的培养目标旨在全面提高国民素质，为建立全民学习、终身学习的学习型社会奠定基础。之后陆续颁布的高等教育质量保障政策皆强调以内涵建设为重点，创新人才培养方式，重视个人成才和身心健康，反映了政策价值取向从工具理性转向价值理性。

政策变迁研究的主旨是分析政策为何演变、如何演变，认识政策变迁过程中的特征和趋势。虽然30年的高等教育质量政策变迁历时不长，但考虑到30年中国社会经历“难觅轨迹”的巨大变化这一事实，将高等教育质量保障政策放入中国社会变迁的大背景下探讨仍然具有耐人寻味的研究价值。本节围绕高等教育质量保障政策文本，对1985年以来中国高等教育保障政策的发展进行了系统的统计分析，概括总结了渐进性与爆发性、综合性与专一性、强权威性与弱依赖性、建设性与保障性、规制性与单一性等一些关于我国高等质量保障政策变迁的基本特征，以及高等教育质量保障政策的若干趋势。此项研究使我们对中国高等教育质量保障政策的整体认识更加具体，同时也“为政策研究提供了广阔空间，为我们构建针对本土问题作出清晰解释的‘地方性知识’提供了素材”①，将有助于在世界范围内兴起的质量运动的背景中总结“中国经验”。

第二节　中国特色高等教育质量保障模式的构建

改革开放40年，中国在社会进步、经济发展、制度创新等方面取得了举世瞩目的成就，高等教育的理念与制度、规模与质量、理论与实践也在这期间创新发展，累积了值得总结的“地方性知识”。2018年全国教育事业发展统计公报显示，我国高等教育毛入学率与普通高等教育本专科在校生从1978年的2.7%和86.69万，发展至2018年的48.1%和2831.03万人，高等教育从精英化迈入大众化，并将进入普及化阶段。② 与此同时，高等教育结构不断优化，质量和效益同步提升，中国由世界高等教育“小国”跃升为世界高等教育大国，并向着高等教育强国迈进。在此过程中，中国高等教育质量政策和体系逐步完善。学者们从不同角度展开有关重点政策、教学评估、专业认证等的分项政策研究，对于总结经验，改进政策均有所裨益。本章将林林总总的保障政策条分缕析、化繁为简，将其放在一个逻辑框架中予以阐释，以形成对“中国模式”的总体认知，并在国际高等教育质量保障运动背景下予以观照。

观察高等教育质量保障政策发展的轨迹可以发现，保障体系是各项政策在实践进程中逐步改进、博弈与构建的结果，是政策随着高等教育规模、结构、质量与效益的系统性变化，不断调整价值目

① ［美］戴维·奥斯本、特德·盖布勒：《改革政府：企业精神如何改变着公共部门》，周敦仁译，上海译文出版社1996年版，第25页。

② 教育部：《2018年全国教育事业发展统计公报》，2019年7月24日，http://www.moe.gov.cn/jyb_sjzl/sjzl_fztjgb/201907/t20190724_392041.html，2019年9月10日。

标、变换价值选择的结果。两者间动态地形成充分必要的逻辑联系，当政策与体系在实践逻辑中达到平衡时，即逐步固化为质量保障模式。厘清不同时期、不同类型高等教育质量保障政策的发展历程，有助于理解质量保障体系结构，理解政策、体系、模式的互动与构建的机制。

经过40年对高等教育质量保障理论与实践的探索，初步形成了符合国情、富有特色的“以重点政策为引领，教学评估、学科评估、专业认证互为支撑”的高等教育质量保障模式。这四个模块构成中国高等教育质量保障体系的核心内容，实现了中国高等教育质量保障体系的完型。[①] 重点政策以“211工程”、“985工程”、“2011计划”和“双一流”建设等为主导，促进中国顶尖层次大学卓越发展，正在成长为一批代表国家水平、作为国家标志的世界一流大学；从合格评估、水平评估到审核评估，本科教学评估保障整个高等教育的质量底线；为了促进特色发展，构成良好的学科生态，四轮学科评估保障和促进了资源优化配置和有效利用，促进高等学校形成优势与特色；中国在建设类、工程类、医学类、商科类等几个专业领域已开始专业认证的实践，逐步在探索出将专业评估与专业认证、职业资格证书有机结合的质量保障机制，随着2016年中国顺利成为《华盛顿协议》成员国，象征着中国工程教育专业认证正式纳入与世界对话的轨道，专业认证衔接产业与国际。在政策的引领下，制度变迁日渐契合中国本土环境，中国高等教育质量保障体系逐步在发展与完善中形成自身特色，构建出多层级的高等教育质量保障的“中国模式”，此为我国特有的高等教育质量保障的全局性框架（如图6—3）。

① 完型即“格式塔”（gestalt），是心理学概念，即假使有一种经验的现象，它的每一成分都牵连到其他成分，而且每一成分之所以有其特性，是因为它和其他部分具有关系，这种现象便称为格式塔。中国高等教育质量保障体系的形成，是一种在中央政府政策供给过程中的探索性经验现象，体系中的每一模块都与其他部分相关联，但又有独特功能与自身价值。格式塔不是孤立不变的现象。中国高等教育质量保障体系在发展完善之中，我们尝试赋予中国高等教育质量保障体系不断构建的历程以“格式塔”的意涵。

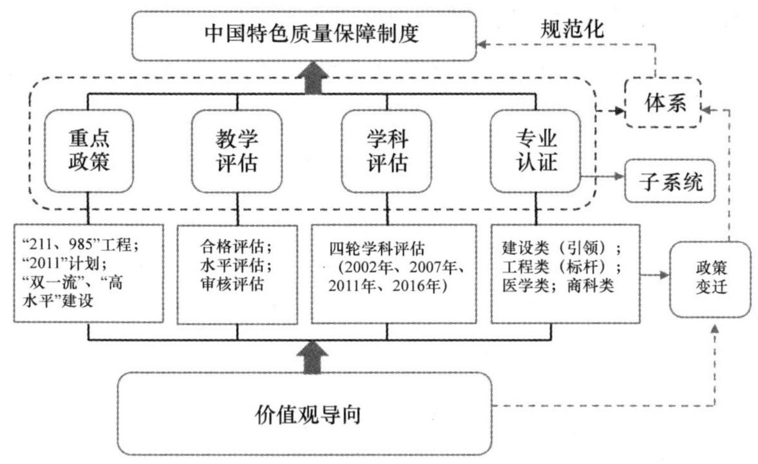

图6—3　中国特色高等教育质量保障体系总框架

第三节　质量保障模式的组织结构与价值功能

一　重点政策保障重点大学与重点学科卓越发展

过去40年，作为代表国家水平的"第一方阵"大学的"重点建设"政策日趋完善，形成中央政府以"211工程""985工程""双一流"建设等政策为主导，地方政府以高水平大学建设、重点学科建设、特色专业建设等政策为辅助的保障体系，保障了中国顶尖大学与学科的质量。

"211工程""985工程"集中有限资源办大事。"211工程""985工程"是中华人民共和国成立后"重点大学"政策的延续。20世纪50年代，百废待兴、国力较弱、资源有限，国家经济建设任务繁重，培养高级专门人才的需求急迫，不可能对所有大学进行同步建设。为此，国家决定集中有限资源重点投资北大、清华、复旦、上海交大、西安交大五所高等学校，实施"重中之重"建设。此后，中央多次发布文件，加强重点大学建设的数量和力度。至1966年，先后有64所高等学校被国家确定为重点大学。十年"文革"，百业凋敝、大学停摆。改革开放后，重启"重点大学"发展政策。截至1979年年底，全国共有重点大学97所，基本上形成了包括面向全国、面向行业和面向地方（省、市、自治区）三类大学的全国重点大学建设体系。[①] 随着改革开放的深入和高等教育的不断发展，国家的重点大学政策逐步上升为规模与资金更加庞大、遴选机制更加规范的高等教育重点建设政策。“211工程”“985工程”是国家在世纪之交做出的重大决策，是落实“科教兴国”和“人才强国”战略而采取的重大举措，是由国家立项，第一次规模最大的重点工程。[②] 2008年，国家发展改革委、教育部、财政部联合发布的《高等教育“211工程”三期建设总体方案》，整个“211工程”建设历经了“‘九五’期间的打基础”“‘十五’期间的上水平”“三期建设的求突破”三个阶段，历时近20年时间，取得巨大成效。20年间，我国集中有限资源，以中央带动地方，以重点带动一般，高等教育整体实力显著提升。

“双一流”建设政策引领一流大学比肩世界。随着高等教育迈入大众化时代，“省部共建大学”“2011计划”等重点政策是我国高等教育系统体现国家意志、深入实施人才强国战略的新一轮重要举措。近年来，为克服传统重点大学建设政策导致“身份固化”的弊端，“双一流”建设政策是引入竞争机制的一种新的尝试，其本质仍为院校重点建设政策，是政府坚持“以重点建设带动整体发展”的逻辑延伸。[③] 2017年，教育部发布“双一流”大学及学科建设名单，42所大学进入一流大学建设名单，95所大学的465个学科进入一流学科建设名单。[④] 在重点发展政策带动下，我国卓越大学明显缩小与世界一流大学在学科建设、师资队伍、人才培养和科学研究等方面的差距，如在2019年QS全球大学排行中，已有6所大学进入全球百强行列。因此，与经济社会的转型发展同步，高等教育的转型发展也一直是国家宏观发展战略指导

① 李均：《中国高等教育政策史》，广东高等教育出版社2014年版，第192—193页。

② 孟凡：《从“985工程”、“211工程”看我国世界一流大学建设的几对矛盾》，《黑龙江高教研究》2010年第1期。

③ 周光礼：《高校“双一流”建设的八个关键点》，《世界教育信息》2016年第5期。

④ 教育部：《国务院关于印发统筹推进世界一流大学和一流学科建设总体方案的通知》，2015年11月5日，http://www.gov.cn/zhengce/content/2015-11/05/content_10269.html，2019年9月15日。

下的结果。大学的每一次重大转型，背后都有着教育发展战略的重大调整，重点建设政策就是其一。改革开放 40 年来，重点政策保障转型期中国重点大学与学科的卓越发展，发挥着引领我国高等教育质量提升的重要作用，一批重点建设的卓越大学和学科处于世界前沿，成为中国高等教育的标志。

二　教学评估保障有质量底线的高速发展

如何在教育规模持续扩张的情况下保障质量，是 40 年来始终萦绕在政府、高等学校和社会利益相关者观念与行动中的问题。一方面，我们为中国人从未有过的高等教育机会而欢呼，全国各类高等教育的学总规模，从 1978 年的 228 万人上升到 2018 年的 3833 万人；另一方面，我们也忧虑，不断增长的高等教育规模尤其是 1999 年的扩招形成的在校生人数激增，致使生均资源和教育质量不同程度下滑。为保障教育教学基准质量，针对不同时期的本科质量问题与需求，教育部设计并推动了合格评估、水平评估至审核评估，确保在国家政策的引领下的高速发展。

合格评估开启我国教学评估制度先河。1978—1984 年，我国高等教育仍处于恢复与重建阶段，高等教育评估制度尚未建立。1985 年，《中共中央关于教育体制改革的决定》指出，教育改革要紧握培养人才的数量与质量，教育管理部门要组织教育界、知识界和用人部门定期对高等学校的办学水平进行评估。高等教育质量评估制度第一次出现，正式迈入启动与试点阶段。1990 年《普通高等学校教育评估暂行规定》明确把我国高等学校教育评估分为合格评估（鉴定）、办学水平评估和选优评估三种基本形式。从 1985 年到 2002 年，以合格评估为主的本科教育质量保障成为我国教学评估制度的开端，在政策的引领下，明确规定了高等教育评估性质、目的、任务、指导思想及基本形式等制度要素，有计划、有组织地实施评估，在政府顶层设计中逐渐走向规范化。

水平评估提升了质量保障政策的水平。在总结十几年本科教学评估经验的基础上，我国教学评估制度不断改革发展，将本科教学工作的合格评估、选优评估和随机评估三种方案合并为本科教学工作水平评估。

2002年6月，教育部制订了《普通高等学校本科教学工作水平评估方案（试行）》（以下简称《评估方案》）。水平评估以合格评估为基础，是新一轮合格评估制度设计的创新与突破，优化评估指标体系与评估方式，评估结果从合格评估的“认证模式”（通过、暂缓通过和不通过）向水平评估的“等级模式”（优秀、良好、合格和不合格）转变。2002—2013年，水平评估始终围绕保障和提高教学质量的宗旨，更好地建立保障和提高教学质量的长效机制，进一步加强高等学校教学评估工作。在《评估方案》指标体系的指导下，一系列政策文件的推动下，解决了高等学校办学的基本问题，实现了跨越式发展，我国教学评估制度迈向科学化、专业化阶段。

审核评估完善本科教学质量保障体系。在对上一轮水平评估实践反思的基础上，开展了分类评估和审核评估的研究和实践。分类评估思想的产生有着理论渊源和实践动力，但也存在制度设计上的缺陷和现实实践中的风险，为此引发了争鸣。之后开始了审核评估模式的理论研究和试点实践，审核评估作为更新、更系统的评估模式被正式提出。[①] 新一轮的审核评估更重视高等学校对人才的培养质量，强调尊重学校办学自主权，国家希望通过审核评估建立和完善长期有效的教学质量保障体系。从水平评估到审核评估，是我国高等学校教学评估理论与实践的新认知与新探索，集中表现在四个方面：一是在评估理念上，从强调绩效问责走向注重协商对话；二是在评估作用上，从刚性强化走向柔性激励；三是在评估分类上，从单一标准走向多样标准；四是在评估重点上，从教学具体活动走向内部质量保障体系。[②] 这是中国高等学校在教学质量保障上取得的最新进展。2014—2018年，基本完成对所有通过上一轮水平评估的本科院校的审核评估。审核评估促使高等学校在评估过程中从被动转向主动，成为质量保障的主体。内部保障和外部审核相结合，教学质量保障体系日趋完善，保障着我国高等教育质量的基准底线。

---

① 邹海燕：《从分类评估到审核评估：院校评估改革的探索之路》，《高等教育研究》2017年第8期。

② 刘振天：《从水平评估到审核评估：我国高校教学评估理论认知及实践探索》，《中国大学教学》2018年第8期。

三　学科评估确立以学科建设为龙头的大质量观

中国是拥有世界第二大规模的研究生教育大国，为保障研究生教育的内涵式发展以及促进我国学位授予单位学科建设水平的整体提升，教育部学位与研究生教育发展中心决定尝试以第三方的方式开展非行政性、社会服务性评估项目，不同于政府开展的合格性评估，而是对具有博士、硕士学位授予权的一级学科进行的整体水平评估。自2002年首次开展，平均四年一轮，至今已完成四轮。[①]

确立以学科建设为龙头的资源配置观。学科建设承担着培养人才、科学研究、服务国家重大战略需求的重任。开展学科评估不仅能够衡量学科建设水平、检验人才培养质量，也是促进学科建设与发展的重要手段。[②] 面对学科建设质量的检验，在高等教育质量评估中，首要问题是“质量究竟为何物，它是什么”[③]。按照英国学者格林（Green，D.）对高等教育质量的概括，即最好的学校拥有最雄厚的财团、最好的教师团队、最优秀的生源、最新最昂贵的基础设施。[④] 大国办教育，在资源稀缺的状况下，学科评估有利于“以评促建”，保障国家大量的财力、人力、物力等资源的优化配置和有效利用，进一步提高学科水平与产出成果，提升国家重点学科质量。在第三轮学科评估结果公布后，财政部与上海市率先将结果与经费挂钩，国家基于学科评估结果有重点地重新配置资源，有助于高等学校了解学科优势重点发展，优化资源的有效使用，通过学科评估带动学科建设，促进学校资源优化，推进我国重点学科在世界科学研究领域达到领先水平，逐渐形成以学科建设为龙头的资源配置观。

---

① 《全国第四轮学科评估结果公布》，2017年12月28日，http：//www.chinadegrees.cn/xwyyjsjyxx/xkpgjg/283569.shtml，2019年9月18日。

② 王小梅、范笑仙、李璐：《以学科评估为契机 提升学科建设水平（观点摘编）》，《中国高教研究》2016年第12期。

③ Bogue E. G.，Hall K. B.，*Quality and Accountability in Higher Education*：*Improving Policy*，*Enhancing Performance*，United States：Greenwood Publishing Group，2003，pp. 112－114.

④ 孟卫青、刘晖：《高等教育质量保证三十年（1990—2017）——大陆的经验》，《清华大学教育研究》2018年第3期。

四轮学科评估促进高等学校形成特色发展。2002年至今的四轮学科评估中，接受评估的学科数量逐渐增加，评估结果影响范围越来越广，学科评估的理念与指标体系也在逐步完善。四轮学科评估，贯彻落实了国家研究生教育发展方针与目标，逐步形成学科评估的中国标准与中国模式，为高等学校的学科建设提供了具有重要参考价值的数据库，强化了学科意识，促进学科间互动与跨学科交叉创新发展，使校内特色学科得以发展。即将展开的第五轮学科评估致力于打造“中国学科评估”国家品牌，包括一级学科整体水平评估、专业学位水平评估和国际学科比较评估，致力于建立国际国内公认的标准。通过学科评估加强学科建设，重新定位不同大学的使命，是我国高等教育的一个巨大进步。学科评估把宏观的高等教育整体质量落脚于学科质量，提升学科水平，有利于保障高等教育重点建设成效，优化资源配置与有效利用，构建优势互补、错位发展的新格局，是对建立健全中国特色高等教育质量保障体系的有益探索。（见表6—7）

表6—7　　　　学科评估发展变化表

四轮学科评估	发展变化
第一轮评估	分批次进行，主要借鉴国外的指标体系经验进行
第二轮评估	分批次进行，开始立足本土，通过调整指标体系树立内涵发展与结构优化的意识，更注重提升学科建设水平和质量
第三轮评估	改革力度大：一次性评估全部学科，强化学科建设的成效评价，学科评估的关注度获得提升，受到国家的高度重视，并提出学科评估要不断开拓创新，不断完善，逐渐形成品牌
第四轮评估	恰逢统筹推进“双一流”建设的关键时期，评估首次把人才培养质量放在指标体系的首位，是现代大学功能回归本位的合理举措，也首次提出了“培养过程质量”“在校生质量”“毕业生质量”三维评价模式

四　专业认证促进产教融合与衔接国际

高等教育专业认证是高等学校专业教育的质量保障，是我国高等教育质量保障体系的重要组成部分。20 世纪 80 年代中期，我国对高等教育专业认证的研究是伴随高等教育评估研究的开展逐步发展起来的，是专业评估制度发展中衍生的产物。[①] 迄今为止，除了在 20 世纪 80 年代高等教育评估试点实践中对机械制造工艺与设备等个别专业进行试点评估以外，在全国范围内尚未大规模开展单独的专业评估与认证工作，但在建设类、工程类、医学类、商科类等个别领域已开始专业认证的实践与探索。专业认证有利于促进产教融合，促进我国与世界的质量衔接与对话，逐渐形成专业评估与专业认证、职业资格证书有机结合的质量保障机制。

专业认证标准是专业认证制度的核心，是指导专业发展的准绳，对保障专业认证质量有至关重要的作用。[②] 专业人才培养的"标准化"改革意味着认证标准的更新，既要借鉴国际标准，也要寻求标准本土化的路径，保障专业人才培养的质量。我国专业认证工作在政策文件的推动下，既积极借鉴国外先进经验、遵循国际通行做法，也结合我国的实际制定专业认证相关文件与措施。如 2007 年年初，教育部、财政部在《关于实施高等学校本科教学质量与教学改革工程的意见》中提出，积极探索专业评估制度改革，重点推进工程技术、医学等领域的专业认证试点工作，逐步建立适应职业制度需要的专业认证体系。[③] 以工程教育为例，为了实现专业人才培养质量对接产业标准，我们大力推进工程教育教学改革，进一步提高工程教育质量，与注册工程师制度相衔接，构

---

① 韩晓燕、张彦通、王伟：《高等工程教育专业认证研究综述》，《高等工程教育研究》2006 年第 6 期。

② 李杼机：《关于构建我国高等教育专业认证体系的思考》，硕士学位论文，中国地质大学（北京），2008 年，第 10—12 页。

③ 教育部：《教育部 财政部关于实施高等学校本科教学质量与教学改革工程的意见》，2007 年 1 月 22 日，http：//www. moe. edu. cn/edoas/website18/info24731. html，2019 年 9 月 20 日。

建了工程教育与企业界的联系机制。[①] 我国高等教育专业认证，既是具有自我改进、自我完善能力的内部质量保障体系的重要组成部分，也有利于专业教育与产业结合、与企业合作，逐步建立政府、高等学校、社会三位一体的中国高等教育专业认证体系。

高等教育专业认证制度不仅是执业注册资格制度的基础（执业注册资格制度是国际上衡量专业技术人员水平和确认其执业资格的通行做法），还为我国与国际同类专业实现学历互认、执业资格互认提供对接的平台，实现与国际衔接。工程类专业是顺利实现中国与世界质量对话衔接的标杆。我国工程教育认证始于1992年的建筑学专业认证，在政策的推动下，专业教育评估委员会积极与英美等发达国家（地区）交流，建筑类、工程类等专业相继与相关的国际机构、行会组织达成互认共识。专业评估工作日渐迈入规范化、法制化、制度化的轨道，引领着我国专业认证的发展。2016年6月2日，我国顺利成为《华盛顿协议》正式成员国，中国工程认证协会制定了衔接国际的认证标准，标志着我国已建立相对成熟完备并与国际实质等效的工程教育认证体系，工程专业质量认证正式与世界对话，专业认证体系走向国际舞台。

第四节　关于质量保障模式的理论阐释

探索中国高等教育质量保障模式的构建，既是教育价值观和质量观变迁的过程，也是质量保障体系创新的过程。在中央政府主导、地方政府配合和第三方评估机构参与下，形成质量保障的“中国模式”，其政策变迁的背后蕴含着内在逻辑和理论意涵。纵观40年来高等教育质量治理的需求与供给，高等教育质量保障政策一直处于动态发展的过程中，政策的不断变迁推动着保障模式的发展与创新。

① 张文雪、刘俊霞、彭晶：《工程教育专业认证制度的构建及其对高等工程教育的潜在影响》，《清华大学教育研究》2007年第6期。

一 “一重三体”模式是中国高等教育质量保障的运行模式

在新制度经济学理论中，制度的影响力胜过任何其他单一的要素，它把制度置于动态发展过程中，用发展和演进的角度认识世界。[①] 制度作为经济发展的内生变量，与其他物品一样，都有供给与需求。制度创新的过程，实际就是制度这一产品的供给与需求不断在动态变化中达至均衡的过程。

质量保障制度是高等教育整体制度创新的一部分，“中国模式”是中国政府主导的强制性制度变迁的结果。制度变迁理论强调的是有效制度对低效、无效制度的替代过程，质量保障政策的变迁印证了这一定律。重点政策由教育部设定重点高等学校到国家层面的“211 工程”，再到“985 工程”，再逐渐被“双一流”建设所取代；教学评估制度因应高等教育发展的历时需求，从合格评估到水平评估，再发展至审核评估，实现了有效转变与替代。在总结经验基础上，四轮学科评估不断优化评估指标体系。专业认证逐步走向制度化的轨道，所有这些都是政府主导下的强制性制度变迁。

现行制度安排的更替、制度创新的不断交错，构成制度的变迁与进步。诺斯首先将制度（Institutions）当作一种社会博弈规则，“制度是人们有意设计并用来约束彼此相互关系的规则”[②]。高等教育质量治理主体主要由国家、高等学校和社会三种核心力量组成，以提升高等教育质量为目的，通过制度安排共同参与质量提升行动。[③] 在政策实施的过程中，多元主体间的权责关系错综复杂、相互博弈。在参与制度安排的社会博弈中，我国政府始终处于政治力量中心地位，拥有巨大的资源配

---

① 刘淑芸：《基于新制度经济学视角的我国高等教育评估制度重建研究》，博士学位论文，华东师范大学，2014 年，第 14—15 页。

② North D. C.，*Institutions*，*Institutional Change and Economic Performance*，London：Cambridge University Press，1990，p. 11.

③ 朱德全、徐小容：《高等教育质量治理主体的权责：明晰与协调》，《教育文化论坛》2016 年第 7 期。

置权力，在制度设计与安排上占据绝对话语权，主导着制度变迁的方向。①

新制度经济学认为，制度是一种行为规则，由国家规定的正式约束（规则）、社会认可的非正式约束（规则）和实施机制三个基本要素所构成。② 高等教育质量保障制度中同样存在着正式规则、非正式规则与实施机制。正式规则和非正式规则是保障制度两个不可分割的组成部分，两种规则相互作用、互为补充、相互建构，推动高等教育质量保障制度的发展。

正式规则是由法律或政策规定的、由政府或评估机构实行的、有一定强制性的规则。关于重点建设、教学评估、学科评估与专业认证的文件条款规定都属于高等教育质量保障制度的正式规则范畴，如评估政策、评估机构、指标体系、评估程序、评估规范等，成为中国保障高等教育质量的整体性质量控制的指南和依据。正式规则为质量保障制度构建秩序，设立评估行为标准，监督和保障制度的运行。

然而，正式规则仍存在一定的局限性，无法面面俱到，需要与“非正式规则”互为补充。在新制度经济学的概念中，非正式规则是人们在长期交往中无意识形成的，具有持久的生命力，并构成代代相传的文化的一部分，如价值观念、道德伦理、风俗习惯等意识形态。在一定情况下，非正式规则还可以构成制度安排的“先验”模式，影响正式规则的制定，推动制度的变迁与发展。

从中国高等教育质量保障制度中，我们不难发现，非正式规则的身影——国家治理的传统、质量意识、评估认知、质量文化等，均影响着质量保障制度的构建。诸如全国一盘棋、中央权威、自上而下、竞争型政府、党对高等教育的领导、“放管服”改革等，中国特色文化深刻影响着质量保障体制机制的构建，其发展过程就是中央政府、地方政府、第三方评估机构、高等学校、大学生及其家长、社会公众代表等多方利

① 杨瑞龙：《论我国制度变迁方式与制度选择目标的冲突及其协调》，《经济研究》1994年第5期。

② 卢现祥：《新制度经济学》，武汉大学出版社2004年版，第108—109页。

益主体互动的过程，是国家意志、政府目标、公众诉求、大学逻辑、传统习惯间互动与耦合的结果。

二　制度变迁与路径依赖："一重三体"模式的形成路径

高等教育质量保障模式构建过程显示出"路径依赖"现象。政府主导是最近40年改革的基本特征，也是包括质量保障体系在内的所有制度变迁的推动力，政府设计制度方案与路径，现实结果又强化或"依赖"前者，中国高等教育质量保障体系构建的过程就是政府主导下的重点大学发展和各项评估政策不断演进与完善的过程，当一项政策被认为是行之有效之后，其决策方式就"合理化"进而"合法化"了，便形成"路径依赖"。"依赖"既实现了质量监控的全覆盖和驾轻就熟的高效率，也存在问责主体不清晰、政府包办多、高等学校压力大、评估结果等同政绩以及评估过程烦琐导致交易成本高等问题。

地方政府对高等教育的重视，很大程度上源于"锦标赛体制"的惯性（路径依赖）。所谓"锦标赛体制"是指，中央政府在经济上向地方政府大规模放权的行政架构中，会通过各种方式鼓励和促使地方政府在主要的经济指标上展开竞赛。由于中央政府全面控制了政治、经济、思想领域，所以，这种竞赛在严格的设计下展开，各级政府乃至普通民众都被动员起来，类似于竞技比赛。[①] 事实上，无论是30年前地方政府举办的"新大学运动"，还是近几年涌现的地方政府"高水平大学建设"热潮，都是这种"锦标赛体制"在教育上的"溢出效应"，是路径依赖的结果。我们可以把地方政府为了夺取锦标而对高等教育投入的政策，看作对地方大学教育质量的保障方式，同时，地方大学也必须付出在发展方向与重大事务上"依赖"和"听命"政府的代价。制度存在一个适应性的过程，必须随着环境的变化而变化。[②] 从理论上阐述分析

① 周飞舟：《锦标赛体制》，《社会学研究》2009年第3期。

② Veblen, Thorstein, *The Place of Science in Modern Civilization*, New York: Russell &Russell, 1989, pp. 56 – 61.

中国高等教育质量保障体系的利与弊，科学预测未来高等教育环境的变化，是改进质量保障体系的重要一环。

第五节 思考与展望：未来优化之路

中国高等教育即将迈入普及化阶段，必定会出现与大众化阶段的不同特征，如何摆脱“路径依赖”，增强政策理性，实现多元主体的质量治理，提高制度公平性与降低管理成本，处理好国际借鉴与本土创新的关系，是完善质量保障“中国模式”之关键。因此，总结经验、植根本土，守正创新、持续优化，乃是未来发展之道。

如何降低“路径依赖”的负面效应？高等教育质量保障的本质归根到底是“国家权力、市场和院校”这三种力量在不同时空背景下的张力与整合。[①] 我国经过40年的探索，建立了“一个包含了战略性中央政府、竞争性地方政府和竞争性企业系统的三维市场体制”[②]。这既是我们的特色与优势，也可能因“路径依赖”而故步自封。政府主导是包括质量保障体系在内的所有制度变迁的推动力。政府设计制度方案与路径，推进各项政策实施，其显著成效又必然进一步强化对政府政策的“依赖”，“中国模式”构建的过程就是政府决策方式“合理化”进而“合法化”的过程。“依赖”既实现了质量监控的全覆盖和驾轻就熟的高效率，也存在政府包办多，问责主体模糊，高等学校压力大且自主性低，评估结果等同政绩，互相攀比的“锦标赛”现象等问题。无须讳言，在治理体系和治理能力现代化大背景中，“路径依赖”成为改革的动力障碍，必须进一步深化改革。

如何实现高等教育质量的多元主体共治？变政府主导的强制性制度变迁，为社会和高校主动参与的自主约束，变一元质量保障为多元质量治理？我们还是看到了变化的方向，例如“双一流”建设的开放

① 田恩舜：《高等教育质量保证模式论略》，《大学》（研究版）2007年第4期。

② 史正富：《超常增长：1979—2049年的中国经济》，上海人民出版社2013年版，第36页。

性、审核评估中学生与特色的加强、第四轮学科评估对评估指标体系的优化和专业认证走向制度化的轨道。但如何在多方利益相关者之间的博弈中实现制度均衡，在这一过程中，如何明晰各方主体的权利与义务，其问责制度如何实现多元，值得继续思考与探索。

如何提高制度公平性与降低“交易成本”？在形成多层级的高等教育质量保障“中国模式”框架的同时，尚存在着资源配置公平性偏低、人为设置的等级制、学生受关注程度低、评估制度成本高等一些颇受质疑与诟病的问题。因此，如何在评估中降低交易成本，节约资源，提高效率，不断优化质量治理制度，是后续研究的议题。

如何顺应高等教育普及化的需求？过去40年我们构建了中国高等教育质量保障模式，积累了提升教育质量的中国经验，在即将到来的普及化阶段，面对高等教育需要和需求的多样化、个性化、智能化、国际化，如何扎根中国大地，持续优化保障机制，形成一个目标多元、类型多样、层次多维、覆盖广泛的质量保障体系，仍然是任重而道远。

参考文献

《马克思恩格斯全集》第3卷，人民出版社1980年版。

陈汉强：《大学评鉴》，台北：五南图书出版有限公司1995年版。

陈振明：《政策科学——公共政策分析导论》（第二版），中国人民大学出版社2003年版。

胡传胜：《观念的力量：与柏林对话》，四川人民出版社2002年版。

胡建华：《高等教育学新论》，江苏教育出版社1995年版。

教育部临床医学专业认证工作委员会：《中国本科医学教育标准：临床医学专业》（2016版），北京大学医学出版社2017年版。

教育大辞典编纂委员会：《教育大辞典》（第一卷），上海教育出版社1990年版，第24页。

瞿葆奎：《教育学文集·教育评价》，人民教育出版社1988年版，第160页。

李均：《中国高等教育政策史》，广东高等教育出版社2014年版，第192—193页。

廖益：《大学学科专业评价研究》，博士学位论文，厦门大学2007年。

卢现祥：《新制度经济学》，武汉大学出版社2004年版。

苗耀祥：《我国高等教育质量保证政策研究》，博士学位论文，东北大学2015年版。

祁型雨：《超越利益之争——教育政策的价值研究》，高等教育出版社2003年版。

史正富：《超常增长：1979—2049年的中国经济》，上海人民出版社2013年版。

魏军：《改革开放 30 年我国高等教育质量政策的内容分析》，硕士学位论文，西北师范大学 2009 年版。

邢亚莹：《学苏制背景下教育学的本土化研究》，硕士学位论文，曲阜师范大学 2016 年。

许宗仁：《我国高等教育评鉴制度之研究》，硕士学位论文，台湾淡江大学 2011 年。

杨莹：《两岸四地高等教育评鉴制度》，台北：财团法人高等教育评鉴中心基金会 2010 年版。

叶澜：《教育概论》，人民教育出版社 1991 年版。

袁贵仁：《价值学引论》，北京师范大学出版社 1991 年版。

袁振国：《教育政策学》，江苏教育出版社 1996 年版。

张国庆：《现代公共政策导论》，北京大学出版社 1997 年版。

张玉法：《现代史的分期问题》，台南：久洋出版化 1985 年版。

周光礼：《中国高等教育质量评估体系有效性研究——基于社会问责的视角》，湖南人民出版社 2012 年版。

［加］许美德：《中国大学 1895—1995：一个文化冲突的世纪》，许洁英译，教育科学出版社 2000 年版。

［美］戴维·奥斯本、特德·盖布勒：《改革政府：企业精神如何改变着公共部门》，周敦仁译，上海译文出版社 1996 年版。

［美］亚伯拉罕·弗莱克斯纳：《现代大学论——美英德大学研究》，浙江教育出版社 2001 年版。

［美］约翰·S. 布鲁贝克：《高等教育哲学》，王承绪、郑继伟、张维平等译，浙江教育出版社 2002 年版。

［美］约翰·金登：《议程、备选方案与公共政策》，丁煌等译，北京大学出版社 2006 年版。

后　记

本书是国家社会科学基金“十三五”规划（教育学科）2016 年度国家一般课题“中国高等教育质量保障政策（1985—2015）变迁研究”（项目编号：BIA160098）资助项目的综合研究成果。课题组在对研究选题、立论、思路等分析的基础上，就研究的具体步骤进行了详细研讨和分工，经过三年多的系统研究，主要成果终以著作的形式面世。

本书的出版得益于课题组同人的鼎力合作、学界同人的不吝赐教、国家社会科学基金“十三五”规划课题和广东省优势重点学科的资助，以及中国社会科学出版社的支持。在研究和写作过程中，我们吸收了学术界有关研究成果。在此一并致谢！

本书是课题团队成员集体合作的成果。刘晖提出整体构思和写作框架，经集体讨论确定。具体章节写作的分工是：第一章，唐素云、李晶；第二章，刘晖、邱若宜；第三章，杜倩韵；第四章，陈志慧；第五章，刘晖、孟卫青、汤晓蒙；第六章，刘晖、李嘉慧。全书由刘晖、李晶、黄宁宁负责统稿定稿。

我们通过历史回溯、文本分析、比较研究、个案探讨，解释了我国高等教育质量保障体系的变迁历程、主要内涵、基本特征和运行机制，认为该体系很大程度上保障了高等教育大众化阶段质量基准，有效控制了高等教育大众化过程中通常会出现的质量下滑问题，为构建世界历史上规模增长最快的发展中大国高等教育质量保障体系提供了“中国方案”。本研究过程正值我国高等教育由大众化阶段向普及化阶段迈进的时期，高等教育质量保障体系也发生着或显或隐的变化。显然，现有质量保障体系并不完全适切普及化阶段的特征与需求，需要重新审视和持续改进。普及化阶段的基本特征是多样化、特色化和公平性，前两者主要依靠科学的高等学校分类与评估体系来支撑，后者主要通过合理的教育资源配置系统予以实现。为此，我们期待更多同行的参与和协作，推进后续的深入研究。

刘　晖

2021 年 5 月 16 日于广州大学城